Quand le corps n'en fait qu'à sa tête

Infographie : Johanne Lemay
Révision : Sylvie Massariol
Correction : Sabine Cerboni et Céline Vangheluwe
Illustrations : p. 24 et 90, Shutterstock.com

Catalogage avant publication de Bibliothèque et
Archives nationales du Québec et Bibliothèque et
Archives Canada

Thibault, Louise, 1958-

    Quand le corps n'en fait qu'à sa tête : découvrez
ce qui vous pousse à manger

    Comprend des réf. bibliogr.

    ISBN 978-2-7619-3307-0

    1. Perte de poids. 2. Régimes amaigrissants.
3. Alimentation - Aspect psychologique. 4.
Alimentation - Comportement compulsif. I. Titre.

RM222.2.T44 2012   613.2'5   C2012-941733-5

DISTRIBUTEURS EXCLUSIFS :

Pour le Canada et les États-Unis :
MESSAGERIES ADP*
2315, rue de la Province
Longueuil, Québec J4G 1G4
Téléphone : 450-640-1237
Télécopieur : 450-674-6237
Internet : www.messageries-adp.com
* filiale du Groupe Sogides inc.,
  filiale de Québecor Média inc.

Pour la France et les autres pays :
INTERFORUM editis
Immeuble Paryseine, 3, allée de la Seine
94854 Ivry CEDEX
Téléphone : 33 (0) 1 49 59 11 56/91
Télécopieur : 33 (0) 1 49 59 11 33
Service commandes France Métropolitaine
Téléphone : 33 (0) 2 38 32 71 00
Télécopieur : 33 (0) 2 38 32 71 28
Internet : www.interforum.fr
Service commandes Export – DOM-TOM
Télécopieur : 33 (0) 2 38 32 78 86
Internet : www.interforum.fr
Courriel : cdes-export@interforum.fr

Pour la Suisse :
INTERFORUM editis SUISSE
Case postale 69 – CH 1701 Fribourg – Suisse
Téléphone : 41 (0) 26 460 80 60
Télécopieur : 41 (0) 26 460 80 68
Internet : www.interforumsuisse.ch
Courriel : office@interforumsuisse.ch
Distributeur : OLF S.A.
ZI. 3, Corminboeuf
Case postale 1061 – CH 1701 Fribourg – Suisse
Commandes :
Téléphone : 41 (0) 26 467 53 33
Télécopieur : 41 (0) 26 467 54 66
Internet : www.olf.ch
Courriel : information@olf.ch

Pour la Belgique et le Luxembourg :
INTERFORUM BENELUX S.A.
Fond Jean-Pâques, 6
B-1348 Louvain-La-Neuve
Téléphone : 32 (0) 10 42 03 20
Télécopieur : 32 (0) 10 41 20 24
Internet : www.interforum.be
Courriel : info@interforum.be

08-12

© 2012, Les Éditions de l'Homme,
division du Groupe Sogides inc.,
filiale de Québecor Média inc.
(Montréal, Québec)

Dépôt légal : 2012
Bibliothèque et Archives nationales du Québec

ISBN 978-2-7619-3307-0

Gouvernement du Québec – Programme de crédit d'impôt pour
l'édition de livres – Gestion SODEC – www.sodec.gouv.qc.ca

L'Éditeur bénéficie du soutien de la Société de développement des
entreprises culturelles du Québec pour son programme d'édition.

Conseil des Arts   Canada Council
du Canada   for the Arts

Nous remercions le Conseil des Arts du Canada de l'aide accordée à
notre programme de publication.

Nous reconnaissons l'aide financière du gouvernement du Canada
par l'entremise du Fonds du livre du Canada pour nos activités
d'édition.

Louise Thibault

docteur en nutrition

Quand le corps n'en fait qu'à sa tête

Découvrez ce qui vous pousse à manger

LES ÉDITIONS DE
L'HOMME

Une société de Québecor Média

*Aux êtres que j'aime et
qui ne sont pas vraiment disparus,
car je ne vous ai pas oubliés.*

INTRODUCTION

UN AMI QUI VOUS VEUT DU BIEN

Quelquefois vous m'aimez. Mais la plupart du temps, non. Parfois même, vous me détestez. Je suis votre prison. Est-ce pour cette raison que vous me privez, que vous me soumettez à des exercices épuisants, que vous me mutilez? Que vous songez à extraire de moi ce que vous n'aimez pas (quand ce n'est pas déjà fait!), à m'enlever des parties prétendument indésirables, à me charcuter à l'extérieur, et à l'intérieur! Vous êtes parfois très durs avec moi. Que vous ai-je donc fait pour que vous me traitiez de la sorte? J'en ai assez de ces mauvais traitements! Je suis fatigué, épuisé! Pourtant, je suis toujours là, «pour vous servir». Pour certains d'entre vous, ça tient parfois du miracle…

Malgré tout, je reste fidèle à moi-même, que cela vous plaise ou non… Sachez aussi que je dois souvent me défendre, et que je le ferai jusqu'à la fin. Que voulez-vous, c'est dans ma nature! Voilà comment j'y arrive: lorsque vous me privez, je fais des réserves pour plus tard, et je prends souvent ma revanche; lorsque vous abusez de moi, je ne réponds plus pendant quelques jours, voire des semaines; lorsque vous me «charcutez», je me régénère… Et je ne vous dis pas tout… En somme, je suis pratiquement inaltérable! Mais pas immortel, tout comme vous d'ailleurs. Comme vous, je suis bien réel, car nous avons toujours fait route ensemble. Sans moi, vous n'avez pas de lien avec le monde. Je suis là pour toujours, du moins jusqu'à ce que la mort nous sépare…

Ai-je besoin de faire les présentations? Vous m'avez reconnu, n'est-ce pas? Où que vous soyez, vous pouvez me voir, en partie, sinon en totalité… Les yeux qui lisent ces lignes, ils m'appartiennent. Ce livre, j'en suis la vedette! Je le mérite bien, non? Après tant d'années de châtiments, d'incompréhension et de silence, je revendique le droit à la parole. Il est grand temps que vous sachiez ce que je ressens et comment je réagis lorsque vous prenez bien soin de moi (ça n'arrive plus très souvent…), mais aussi lorsque vous me négligez quelque peu ou que vous m'ignorez complètement… J'ai plus d'un tour dans mon sac, j'arriverai toujours à vous déjouer. Lorsque vous dépassez les bornes, je vous punis, et ça peut durer très longtemps… Je suis le reflet de mes gènes, mais aussi de votre mode de vie! Chez certains d'entre vous, je change énormément, au point de devenir méconnaissable avec le temps, alors que, chez d'autres, je ne change pratiquement pas. Qu'on l'accepte ou pas, je suis comme ça. Je raconte une histoire, la vôtre. Mais ce que j'ai le plus de mal à comprendre, c'est pourquoi je rends plusieurs d'entre vous si malheureux. Mon plus grand désir, c'est de vous rendre heureux. Traitez-moi bien et je serai votre meilleur allié dans la vie. Sinon, je peux devenir votre pire ennemi… À vous de décider.

À maintenant.

Votre tout dévoué Corps

CHAPITRE 1

La quête de la minceur

**SI J'AVAIS SU CE QUI M'ATTENDAIT, TOUTE CETTE HISTOIRE
N'AURAIT JAMAIS EU LIEU...**

— Pourrais-je parler au professeur Louise Thibault?

— Moi-même!

— Ah... Je voulais vous dire que j'ai beaucoup aimé votre livre
Nourrir son cerveau : manger intelligemment, *avec l'histoire du
procès sur les gâteaux, et leurs effets pervers sur le cerveau. J'ai compris
bien des choses... J'ai fait toutes vos recettes, j'adore cuisiner...*

— Merci pour le compliment.

*— Comme vous êtes nutritionniste, j'ai pensé que vous pourriez
m'aider, car je dois absolument maigrir. Vous êtes ma dernière chance!*

— Vraiment?

*— Professeur, j'ai tout essayé. Des régimes amaigrissants riches en
protéines et en gras aux régimes sans sucre ou sans gluten. J'ai sauté le
petit-déjeuner, le déjeuner, le dîner, j'ai essayé tous les aliments, boissons
et plats allégés qui existent, j'ai même jeûné. Ça n'a rien donné!*

— Vous n'avez pas réussi à maigrir?

*— Bien sûr que oui! J'ai maigri. Parfois un peu, parfois même
beaucoup.*

– Et alors?

– Ça n'a rien donné en fin de compte: après chaque régime, j'ai repris tout le poids perdu, souvent même plus!

– Ça, c'est tout à fait normal. Pour plusieurs personnes, maintenir une perte de poids tient de l'héroïsme. Elles ne doivent surtout pas arrêter leur régime et doivent faire des sacrifices jour après jour après jour...

– Mais j'ai enfin trouvé la bonne personne. Il n'y a que vous pour me comprendre et m'aider.

– Humm...

– Tout est là, dans votre livre! J'ai seulement besoin de quelques explications et je pourrai enfin maigrir!

– Dites-moi, pourquoi devez-vous maigrir? Y a-t-il une raison spéciale?

– Que voulez-vous dire? Je ne comprends pas.

– Avez-vous des ennuis de santé particuliers?

– C'est difficile à dire comme ça, mais on pourrait en reparler... Je vous en prie, aidez-moi, il faut vraiment que je maigrisse. C'est la seule issue!

– Je m'adresse à qui?

– Vous pouvez m'appeler Maty[1].

C'est ainsi qu'ont commencé mes consultations avec Maty en quête de la minceur. Maty pourrait être une amie, une connaissance, une de vos proches... ou vous-même. Qui d'entre nous n'a jamais songé à perdre du poids, ne serait-ce que quelques kilos, à un moment de sa vie? Y songez-vous actuellement? Ou même continuellement? Sans doute avez-vous déjà suivi un petit régime. Et ça a pu donner de bons résultats. Ou pas de résultats du tout! Ou alors, les résultats n'ont pas duré très longtemps. Les moins chanceux ont repris leur poids... et quelques kilos en plus!

---

1. Seul le personnage du professeur existe bel et bien. Tous les autres personnages sont fictifs; toute ressemblance avec des personnages réels ne peut être que fortuite.

Il semblerait que l'on se préoccupe de son poids de plus en plus tôt dans la vie. Des fillettes suivent des régimes amaigrissants. Doit-on s'en alarmer? Crier au scandale, à la pandémie? Poursuivre en justice l'industrie alimentaire? Occuper les bureaux du ministère de la Santé pour que soit adoptée une loi interdisant la consommation de malbouffe dans les endroits publics? Comme pour la cigarette! Ce n'est pas impensable, mais combien de temps faudra-t-il? Et, dans l'intervalle, de combien de centimètres notre tour de taille va-t-il augmenter? Saviez-vous que la première publication scientifique sur les effets néfastes du tabagisme date des années 1950? Plus de cinq décennies se sont écoulées entre la première mise en garde contre le tabac et l'interdiction de fumer dans tous les endroits publics. Cinq décennies, c'est aussi le temps qu'il a fallu pour que le nombre de cas d'obésité augmente de façon fulgurante au Canada. Cette révolte du corps était prévisible.

CECI EST MON CORPS

La vie nous dote d'un corps et d'un esprit. Elle distribue des corps petits, moyens, grands ou gros. Mais aussi des corps longilignes, triangulaires, ronds. Bref, la vie est injuste! Ce corps qui nous est donné se forme, se déforme, se transforme, selon ce qui est prévu au programme que porte chacune de nos cellules. Les bonheurs et les drames de la vie y laissent aussi leurs empreintes. Croire que, grâce au régime XYZ, notre corps ressemblera à celui de la star rachitique qui en fait la promotion tient du délire. Ce trouble, caractérisé par une perte du sens de la réalité, afflige plusieurs individus, à commencer par ceux à qui la vie a donné un corps énorme.

Mais, le saviez-vous, ce n'est que depuis peu que l'on trouve beau le corps mince. Dans notre société, en effet, le corps gros a longtemps été synonyme de beauté, de santé, de fécondité et de prospérité. Dans les années 1950 et 1960, cette perception a été remise en question: on a, lentement mais sûrement, dépouillé les gros corps de leur aura de beauté et de santé. Désormais, les diktats en la matière imposent la minceur comme norme. Comme idéal! Toutefois, dans certaines cultures, le gros corps est toujours bien vu, car ce sont les plus pauvres qui sont minces, voire maigres, des états synonymes de laideur et de mauvaise santé.

En Amérique du Nord, le décalage physique entre les pauvres et les riches subsiste, mais à l'envers. On peut voir là une volonté de la classe ouvrière d'atteindre un idéal qui a été longtemps l'apanage des riches. De nos jours, tout le monde peut se procurer de la nourriture et se nourrir à moindre coût. Malheureusement, cela n'a pas entraîné une alimentation de meilleure qualité. Car les aliments à faible valeur nutritive (qui contiennent des «calories vides») sont généralement les plus économiques. Une boisson gazeuse se vend une fraction du prix d'un jus pur ou du lait. Un sac de croustilles coûte ridiculement peu cher comparativement à une collation «santé». Les moins nantis ont pris cette place qui leur revenait et en mettent maintenant plein la vue. Devant cette «offensive», les riches ont réagi en se mettant au régime, question de garder une certaine distance et de se distinguer.

Qui plus est, aujourd'hui, la minceur est également synonyme de jeunesse. Dans la course à l'effacement des marques du temps, on gomme rides et kilos en trop. Les publicités qui mettent en scène des mères et leurs filles nous montrent comment (ne pas) vieillir. Que s'est-il passé pour qu'en si peu de temps, environ six décennies, on en vienne à aduler la minceur et à désapprouver jusqu'au mépris le surpoids et l'obésité? Six décennies, c'est pratiquement le temps qui s'est écoulé depuis les famines causées par la Seconde Guerre mondiale. Curieusement, pendant cette période, les gens se sont mis à grossir. Mais y a-t-il aujourd'hui vraiment plus de personnes ayant un excès de poids qu'avant? On peut raisonnablement penser que, de nos jours, le surpoids et l'obésité ne sont pas plus marqués qu'il y a 60 ans. Le nombre de personnes présentant un surplus de poids ou qui sont obèses se serait tout simplement accru au même rythme que la population. Malgré cela, on a senti le besoin de prêter assistance aux personnes en surcharge pondérale. D'innombrables régimes et produits alimentaires amaigrissants, des thérapies de toutes sortes, des livres pour maigrir ont déferlé sur notre société, laissant dans leur sillage des gens de plus en plus gros… Et toujours en quête de la minceur.

Vous êtes-vous reconnu en lisant ces lignes? Peut-être avez-vous tenté de perdre du poids à l'aide d'un ou de plusieurs régimes, de produits amaigrissants et de thérapies diverses. Sinon, y songez-vous en ce moment? Avant d'entreprendre toute démarche en ce sens, vous devez faire un examen de conscience concernant non seulement votre poids, mais aussi votre corps.

J'ai souvent proposé à mes patients de consigner dans un journal personnel leurs réflexions par rapport à leur poids (et je compte le faire avec Maty!). Je vous invite ici à faire un cheminement semblable en tenant à votre tour un journal de vos pensées et réflexions, que vous écrirez dans un petit cahier.

Mon cahier   Date: _____

Mon poids, aujourd'hui, à cette heure: _____

Ce que j'en pense en bien... _____

_____

Ce que j'en pense en mal... _____

_____

Mes raisons pour perdre du poids

Les bonnes... _____

_____

Les moins bonnes... _____

_____

Sinon, mes raisons pour ne pas perdre de poids : _____
_____

Je m'observe dans un miroir de la tête aux pieds.

J'y vois... _____
_____

J'aime... _____
_____

J'aime moins... _____
_____

J'aimerais changer... _____
_____

C'est réaliste de changer... _____
_____

Ce n'est pas réaliste de changer... _____
_____

Pourquoi changer mon corps ? _____
_____

Est-ce vraiment important ? _____

CHAPITRE 2

Des chiffres et des promesses

— *Pourrais-je parler au professeur Louise Thibault?*

— *Moi-même. C'est vous, Maty?*

— *Oui, c'est moi. Désolée du retard...*

— *Ça ira pour la séance d'aujourd'hui. Alors, Maty, de quoi voulez-vous parler?*

— *Votre question de la semaine dernière, elle me trotte dans la tête depuis. Et je crois que j'ai trouvé la réponse!*

— *C'est très bien, ça. C'était au sujet de vos ennuis de santé, n'est-ce pas?*

— *Mais pas du tout! Vous m'avez demandé: «Pourquoi devez-vous maigrir?»*

— *Vous avez raison, Maty.*

— *Je dois maigrir, c'est évident. Mon excès de poids va sûrement me causer des problèmes de santé!*

DES STATISTIQUES... ASSOMMANTES!

Selon les dernières estimations mondiales, au moins 400 millions d'adultes seraient obèses. Aux États-Unis, environ le tiers de la population souffrirait d'obésité. Cette proportion devient spectaculaire quand on y ajoute les gens présentant un surpoids: alors, plus de 70% de la population américaine afficherait un surplus de poids. Chez les Français, la prévalence du surpoids en 2009 était d'environ 30% et celle de l'obésité, de 13%. Quant aux statistiques canadiennes, elles révèlent qu'environ 60% de la population aurait un poids supérieur à la normale. Le pire pronostic, c'est du côté des États-Unis qu'on le trouve: si la tendance des dernières décennies se maintient, tous les adultes de ce pays accuseront un surplus de poids d'ici 2030!

Le monde de l'information regorge de données mathématiques et de statistiques! Souvenez-vous des événements qui font régulièrement la manchette: le 25e meurtre de l'année, les 40 cm de neige tombés sur la ville, les vents à 111 km/h ayant causé le carambolage de 40 voitures, le record de l'hiver le plus doux des 30 dernières années, et j'en passe. Curieusement, on ne parle que du premier bébé de l'année, pas du deuxième, ni des suivants...

Les statistiques donnent en général dans le tragique. Pourquoi alors entendons-nous peu parler des famines, de la maigreur, de la malnutrition, mais beaucoup du surpoids et de l'obésité? Le problème de la faim dans le monde n'en est pas moins important, tragique même. Mais le flot incessant d'informations sur la suralimentation et la surcharge pondérale engloutit le problème de la faim dans le monde. Le caractère sensationnel de la suralimentation et de l'obésité l'emporte sur la nature dramatique de la sous-alimentation.

C'est connu, le sensationnel captive l'opinion publique. Nous sommes tour à tour troublés, fascinés, horrifiés par la monstruosité de certains crimes. Ces événements hors de l'ordinaire attirent l'attention, stimulent les ventes, font augmenter les cotes d'écoute... Mais ce que vous tenez dans vos mains n'est ni un journal à sensation ni un magazine en vogue. Sachez néanmoins qu'à l'échelle de la planète, 923 millions de personnes souffraient de la faim en 2008. Sachez aussi que plus de 5 millions d'enfants meurent de faim chaque année dans le monde. Ces chiffres sur la faim ne sont-ils pas aussi alarmants que ceux qui concernent la suralimentation? Ironiquement, c'est de cette dernière que l'on parle le plus! Tristement! Les statistiques, c'est bien, mais ça sert à quoi? Est-ce une sonnette d'alarme? Encore faut-il appuyer sur le bon bouton...

MAIGRIR EN RAISON DES STATISTIQUES...

Les statistiques sur le surpoids et l'obésité n'en demeurent pas moins dérangeantes. On est en droit de s'interroger sur les raisons profondes qui poussent les médias à nous inonder de ces chiffres, qui changent au gré du temps et des continents. Comme de plus en plus de personnes font partie de ces statistiques, ces informations ne passent pas inaperçues. On peut voir là un avantage certain pour l'industrie médiatique. Mais il y a plus.

Faire partie de ces statistiques-là, on n'aime pas ça! Car, finalement, c'est de nous qu'il est question! C'est notre «problème de poids» que l'on entre dans l'ordinateur, lequel, sans nous demander la permission, le combine à d'autres «problèmes de poids» et amalgame tout ça dans des formules mathématiques (auxquelles on ne comprendrait rien, de toute façon) qui, enfin, régurgitent des statistiques de plus en plus effroyables pour de plus en plus d'individus. On peut soutenir que ce ne sont que des chiffres. Mais, à force de nous marteler le cerveau, ces chiffres finissent tout de même par franchir la barrière de notre indifférence, s'immiscent dans notre inconscient et y déplient lentement leurs tentacules, qui feront naître un inconfort, un malaise et, ultimement, un sentiment de culpabilité.

Que faire alors? Aurait-on jamais pensé en arriver là? Faire partie de cette masse d'humains qui, comme on nous le rappelle sans cesse, sont de plus en plus nombreux à vivre dangereusement en raison de cette surcharge pondérale qui les afflige? Car on nous répète aussi que ce surplus de poids entraîne tant de problèmes de santé qu'il serait trop long de les énumérer. Et comme si cela n'était pas assez pénible pour notre conscience, on ne manque pas de nous rappeler, chiffres à l'appui, que «notre problème de poids» coûte très très très cher au système de santé public. Nous en faut-il plus pour réagir?

Devant l'urgence de la situation, plusieurs choix s'offrent à nous. S'enfuir dans un pays où l'on ne fait pas encore d'enquêtes statistiques ou, mieux, dans une contrée où les gens corpulents ne sont pas pointés du doigt comme des êtres pouvant présenter toutes ces maladies qui coûtent si cher à la société. Dans une contrée où l'on n'a pas à affronter le regard réprobateur des autres... Il existe encore de ces endroits sur la planète où être gros est synonyme de beauté et de richesse. Mais il n'y en a pas beaucoup… Pour ceux d'entre nous qui sont plutôt sédentaires, rester chez soi demeure une option. À condition toutefois de réagir! Nous pouvons le faire en toute quiétude, car d'innombrables individus et entreprises de tout acabit se sont chargés de trouver pour nous les aliments et les régimes miracles qui vont enfin régler notre «problème de poids». Le hic, c'est que les miracles promis se font attendre depuis bien longtemps déjà.

Du régime à l'eau et au vinaigre jusqu'à la soupe au chou

La petite histoire des produits et des régimes amaigrissants miracles a débuté il y a fort longtemps. Ainsi, le régime à l'eau et au vinaigre a été popularisé par le célèbre poète anglais Lord Byron en 1820 (oui, 1820, vous avez bien lu). De nombreux autres régimes, parfois surprenants, ont depuis fait leur apparition, dont le régime Graham, de l'inventeur des biscuits du même nom, en 1825, et, un siècle plus tard, le régime «cigarette», qui prescrivait de fumer au lieu de manger des bonbons, suivi de près par le régime inuit, fondé sur la viande de caribou, le poisson cru et la graisse de baleine. Par la suite, sans qu'on sache pourquoi, on a assisté à un virage vers les régimes reposant sur la consommation d'un seul aliment, comme, vers 1950, le régime à la soupe au chou (qui avait le fâcheux effet de produire des flatulences) et le régime pamplemousse Hollywood. Vingt ans plus tard apparaissait le régime de la Belle au bois dormant, qui prescrivait des sédatifs pendant plusieurs jours. Mais c'est véritablement à partir des années 1980 que les régimes miracles se sont multipliés à un rythme fulgurant, alors que les calories étaient comptées méticuleusement ou parfois pas du tout et que boissons protéinées, macrobiotique, combinaisons précises d'aliments, paléolithique, groupes sanguins, jus, jeûne, aliments crus, soupe au chou revisitée et sirop d'érable se volaient la vedette.

L'expérimentation des régimes miracles dans la vie de tous les jours par des dizaines de milliers de volontaires a révélé que plus de 95% des participants avaient repris le poids perdu après avoir arrêté leur régime. Faut-il les blâmer? Nullement. Tenir plus de quelques semaines sur la soupe au chou (même revisitée!) relèverait du miracle! N'allez pas croire, cependant, que tous les régimes amaigrissants sont inefficaces. Ils sont bel et bien efficaces tant et aussi longtemps qu'on tient le coup. Il faut donc s'assurer de trouver chaussure à son pied, côté régime, et dire «Oui, je le veux»... pour la vie! Comble de malheur, le taux d'échec des régimes miracles a fait tourner le vent vers les produits dits amaigrissants, tout aussi inefficaces à long terme, et même dangereux.

DES PROMESSES DIFFICILES À TENIR

Vous les connaissez, ces promesses! Certaines nous font miroiter une perte de poids rapide et sans effort, au moins un ou deux kilos par semaine, et localisée là où on le désire, aux cuisses, aux hanches ou ailleurs... D'autres vantent les effets des brûleurs de graisse, des bloqueurs de l'absorption des graisses et des calories, des combinaisons alimentaires, des aérosols et des crèmes à appliquer là où il le faut... La perte de poids se produira, qui que vous soyez, de façon permanente, même après que vous aurez abandonné le régime ou la pommade.

Vous y avez peut-être cru, à ces salades. Vous avez probablement adhéré à un ou même à plusieurs régimes miracles, sinon vous vous êtes contenté d'un produit miracle. Vous avez peut-être maigri rapidement, au début, plus lentement par la suite, et votre poids a alors atteint le fameux plateau où ça ne bouge plus. C'était devenu lassant. Vous avez alors songé à l'autre promesse, celle de la perte de poids permanente grâce à... Allez hop! fini le régime.

«C'est alors que moi, votre corps, j'ai enfin repris mes droits. Mais avec certaines précautions... Tandis que vous me priviez d'énergie avec votre régime miracle, je m'adaptais en réduisant mon métabolisme : je dépensais moins de calories pour assurer mon fonctionnement de base. Le régime au rancart, mais pressentant qu'il y aurait d'autres régimes miracles dans votre vie, j'ai maintenu un plus faible métabolisme. Cela m'a permis de mettre en réserve rapidement et efficacement les calories, ce qui a ramené mon poids à ce qu'il était avant votre régime. J'ai aussi pensé à stocker quelques kilos en plus, pour faire face à votre prochain régime. À la fin, vos régimes amaigrissants, ils me font grossir!»

Petit guide de survie des régimes amaigrissants

Les régimes riches en protéines
- Des exemples : Dukan, Fricker, Miami, Scarsdale, Mayo.
- Les plus : ces régimes sont rassasiants.
- Les moins : ils peuvent déshydrater et entraîner une surcharge de travail pour les reins.

Les régimes riches en protéines et en matières grasses
- Des exemples : Atkins, Montignac, Neanderthin (préhistorique).
- Les plus : ces régimes sont rassasiants.
- Les moins : ils peuvent être dommageables pour la santé du système cardiovasculaire et des reins, causer de la fatigue, des maux de tête, des sautes d'humeur et produire un faux amaigrissement, c'est-à-dire plus de perte d'eau et de masse musculaire que de perte de tissus graisseux.

Le jeûne protéiné
- Un exemple : substituts de repas en sachets enrichis de protéines.
- Les plus : ce régime favorise une perte de poids importante à court terme.
- Les moins : il est voué à l'échec à moyen ou à long terme ; il peut causer des carences nutritionnelles, de la fatigue, des maux de tête, ainsi que des problèmes cardiaques, hépatiques ou intestinaux.

Les régimes imposant des règles strictes d'aliments à éviter, des combinaisons d'aliments, des changements draconiens, des menus rigides ou basés sur un seul aliment
- Les plus : ces régimes peuvent être efficaces… à court terme.
- Les moins : on abandonne ces régimes à moyen ou à long terme, sauf si on a une volonté d'acier.

Les régimes thérapeutiques ou santé, tel le «régime sans gluten»

- Les plus : ces régimes ont été mis au point pour traiter des problèmes de santé bien précis.
- Les moins : on ne peut les considérer comme des régimes amaigrissants, car ils ne sont pas conçus pour faire dépenser plus de calories que les calories consommées.

Les régimes axés sur l'amaigrissement localisé, tels les régimes «hanches et cuisses» et «abdos»

- Les plus : ces régimes nous font rêver.
- Les moins : aucune recherche à ce jour ne soutient l'affirmation selon laquelle un régime peut réduire les graisses à des endroits précis du corps.

Méfiez-vous des régimes qui promettent des pertes de poids importantes et rapides, comme «Perdez 7 kilos en 14 jours». Souvent, ce que vous perdez, c'est de l'eau et de la masse musculaire, pas du gras. La décision d'adhérer à un programme ou à un régime amaigrissant vous appartient et ne doit pas être prise à la légère. Réfléchissez à ce que la perte de poids vous apporterait… Réfléchissez aussi aux dangers pour la santé associés à certains régimes, auxquels s'ajoute le risque de reprendre le poids perdu avec quelques kilos en plus une fois que vous aurez arrêté, sans compter les effets de ces échecs sur votre santé psychologique… Si la santé vous intéresse, sachez que maintenir une perte modeste de 5 % à 10 % de votre poids de départ pourrait suffire pour améliorer votre santé.

LA FORMULE DU POIDS

Malgré tout, il ne faut pas croire que les régimes amaigrissants s'appuient sur des principes erronés. Du moins pas tous… À vrai dire, tout régime amaigrissant qui se respecte fait en sorte que l'on consomme moins de calories qu'on en dépense. Ce principe est fondé sur la simple formule du poids, qui va comme suit : lorsque notre apport calorique est trop élevé par rapport à ce que notre corps dépense, nous prenons du poids. À l'inverse, nous pouvons perdre du poids quand notre apport calorique est moins élevé que notre dépense énergétique. Pour ne pas regagner le poids perdu, il faut en permanence dépenser autant d'énergie qu'on en ingère. D'où la quasi-impossibilité de maintenir son poids après avoir arrêté un régime.

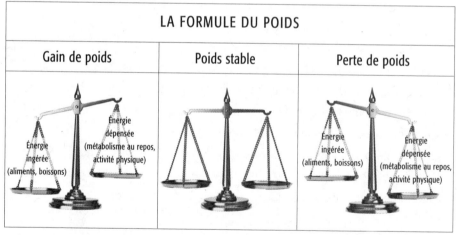

On mange pour plusieurs raisons, mais le poids de notre corps varie pour une seule raison : ce que l'on mange par rapport à l'énergie que notre corps dépense !

La saisissante simplicité de la formule du poids a de quoi laisser perplexe. Prenons en exemple ces personnes qui ne grossissent pas. Oui, elles existent bel et bien! Certaines d'entre elles semblent vraiment défier la loi de la formule du poids! Il a été montré qu'à alimentation et dépense énergétique égales, certaines personnes ne prendraient pas de poids alors que d'autres engraisseraient. Nous vivons dans un monde cruel et impitoyable! Comprendre l'origine de cette injustice est essentiel. Voici quelques pistes.

Nous naissons avec un bagage génétique qui détermine en grande partie ce que notre corps deviendra au cours de notre vie. Cela fait de nous des êtres uniques, avec un corps unique, lui aussi. Ce corps peut être court ou long, avec des hanches étroites ou larges, des jambes effilées ou lourdes, et avoir une masse qui lui est propre. Étonnamment, dans un monde où chiffres, formules, statistiques font la loi, la formule de la masse corporelle individuelle propre à chacun manque toujours à l'appel. Malgré cela, on ne cesse de nous répéter que, pour être dans la norme, nous devons avoir le poids X si nous avons la taille Y… mais aussi avoir une taille fine et des jambes effilées et interminables si nous sommes des femmes, une musculature virile si nous sommes des hommes. Que faire si notre hérédité nous a pourvus autrement?

Notre bagage génétique unique fait en sorte que certaines personnes vont toujours maintenir un poids «plume» même si elles mangent beaucoup, alors que d'autres auront un poids élevé quoi qu'elles fassent. Il leur sera impossible de perdre des kilos de façon durable, car leur poids reviendra immanquablement au niveau déterminé par leur hérédité. La perte de poids durable est aussi tributaire des goûts alimentaires propres à chacun de nous, de nos habitudes de vie, de nos angoisses, de nos bonheurs aussi. Nous sommes des êtres qui raisonnent, pour qui le plaisir est primordial et suscite des émotions souvent directement reliées à ce que nous mangeons. Ces impondérables ne font pas partie de la formule du poids.

LE POIDS EN CHIFFRES

Le poids en chiffres, c'est d'abord le poids qu'indique le pèse-personne lorsqu'on se tient debout et immobile sur le plateau, la confortable position couchée étant généralement réservée au pèse-bébé pour les nourrissons. Le pèse-personne peut, selon le modèle, indiquer notre poids à l'aide d'une aiguille dont nous observons, parfois avec une certaine appréhension, le mouvement d'aller-retour avant l'arrêt définitif sur le nombre inéluctable. Certains d'entre nous tenteront peut-être de guider le mouvement de l'aiguille vers un nombre plus sympathique en se balançant de droite à gauche ou d'avant en arrière de façon à alléger la charge. Cette tactique se révèle généralement décevante, car l'aiguille du pèse-personne n'est pas dupe à ce point.

Difficile aussi de tromper le pèse-personne que l'on affronte dans le cabinet du médecin. Il s'agit souvent d'un modèle mécanique dont le principe remonterait à la balance romaine, qui nécessite le déplacement d'un poids curseur situé sur une barre horizontale marquée de chiffres jusqu'à ce que la barre atteigne un parfait équilibre. Enfin, dans le confort de leur foyer, nombreux sont ceux qui jouissent de la facilité d'utilisation et de la rapidité du pèse-personne électronique, cet appareil qui affiche sans aucune hésitation votre poids en chiffres rouges.

Le poids qu'indique le pèse-personne, peu importe le modèle utilisé, est déterminant pour plusieurs aspects de notre vie. Ce nombre, qui représente notre poids aux yeux du monde, ne nous appartient plus depuis notre naissance. Nous devrions sérieusement songer à nous le réapproprier! Dès notre venue au monde, notre poids est mesuré et consigné. Nous entrons dans la vie avec ce nombre qui nous colle à la peau, qui nous identifie, en quelque sorte, et fait de nous un être réel, reconnaissable. Dès lors, notre poids nous échappe et fait partie du domaine public. Cette donnée est très utilisée en médecine. Un bébé de faible poids sera en effet aux petits soins pour quelque temps, jusqu'à ce qu'il atteigne un poids acceptable pour son âge. La gestion du poids se poursuit avec les courbes de croissance qui déterminent la normalité pendant la petite enfance. Songez aussi au suivi du gain de poids chez la femme pendant la grossesse. Cependant, il n'y a pas que pour la médecine générale que notre poids est utile, il l'est aussi pour les médecins des grandes compagnies d'assurances!

DES COMPAGNIES D'ASSURANCES AU MONDE MÉDICAL

C'est aux compagnies d'assurance vie que l'on doit les premières études à grande échelle sur le poids corporel et la santé, la longévité étant la préoccupation principale. C'est tout à fait naturel pour une compagnie d'assurance vie! Les médecins de ces sociétés ont montré que la durée de vie d'un individu était liée plus fortement à son poids corporel qu'à tout autre facteur. On a construit des tableaux du nombre de morts par 100 000 habitants par catégories de poids, toutes causes de mortalité et tous âges et sexes confondus. On a découvert que le nombre de morts s'accroissait à mesure que le poids corporel augmentait. Le poids idéal, c'était le poids qu'on devait maintenir tout au long de sa vie afin de mourir le plus tard possible.

Cela se passait au début du XXᵉ siècle. Les compagnies d'assurance vie se basaient sur des tables de poids souhaitables en fonction de la taille, de la carrure et du sexe pour évaluer les risques que représentaient leurs clients et déterminer les primes en conséquence. Prenons par exemple les tableaux publiés par la Metropolitan Life Insurance Company de 1959 à 1983. Les actuaires de cette société avaient défini l'obésité en pourcentage du poids idéal (comprendre ici le poids qui assurait la vie la plus longue). Ainsi, chez les hommes de 15 à 69 ans, un excès de poids de 10% augmentait le taux de mortalité de 20%, alors qu'un excès de 30% l'augmentait de 42%. Pour des raisons mystérieuses, l'excès de poids était moins néfaste pour les femmes: un excès de 10% accroissait le taux de mortalité de 18% et un excès de 30% l'augmentait de 30% seulement, soit 12% de moins que chez les hommes. Les actuaires et les médecins de ces compagnies avaient aussi noté une association entre excès de poids et hypertension artérielle, diabète, maladies cardiovasculaires. On comprend donc que la prime d'assurance était plus élevée pour les individus corpulents ou «bien enveloppés», dont le poids excédait le poids désirable.

Ne voulant pas être en reste, le monde de la santé, plus précisément l'Organisation mondiale de la santé (OMS), s'est penché sur la question du poids et a cherché ce qui pourrait constituer une mesure universelle de l'obésité plus raffinée que le poids tout court. Après de longues et laborieuses cogitations et des réunions interminables, la communauté médicale a convenu d'adopter une équation pour mesurer l'obésité. On doit à l'Américain Ancel Keys, un professeur de physiologie, d'avoir fait renaître de ses cendres, en 1972, cette formule mathématique qui permet de déterminer le «statut pondéral» des individus. Il s'agit d'un indice de mesure, appelé d'abord «indice de Quételet», établi en 1832 par un savant belge, Adolphe Quételet, qui s'était attaché à décrire l'«homme moyen» de son époque en fonction de sa taille et de son poids. La formule pour calculer cet indice est relativement simple: le poids, exprimé en kilogrammes, divisé par le carré de la taille, exprimée en mètres. Rebaptisé «indice de masse corporelle» (IMC), l'indice de Quételet est ainsi devenu la référence en matière de poids corporel. Vous êtes corpulent, bien enveloppé, un peu rond ou avez des poignées d'amour? Le glas a sonné pour ces épithètes, car la science médicale en a décidé autrement. Votre gabarit se résume maintenant à un nombre, que vous obtenez en divisant votre poids par le carré de votre taille.

La petite histoire de l'IMC

L'IMC (le poids divisé par la taille au carré) a été conçu il y a 180 ans pour décrire l'«homme moyen» de l'époque. Ce même IMC permet aujourd'hui de juger du surpoids ou de l'obésité et d'estimer les risques pour la santé. Cependant, il ne tient pas compte de la masse adipeuse, ni de sa répartition, ni de la musculature, ni de l'ossature. La «crise mondiale de l'obésité» a été décrétée sur la base de l'IMC, cet improbable indicateur de la corpulence qui détient le quasi-monopole des statistiques.

Calculer son IMC est assez simple avec une calculatrice, à moins que vous n'excelliez en calcul mental. Pour vous faciliter le travail, des sites Internet proposent un calculateur de l'IMC. Sachez aussi que tout professionnel de la santé qui se respecte a à sa disposition des outils (tables, roulettes, etc.) qui lui permettent de calculer votre IMC. Dans tous les cas, il est nécessaire d'avoir en main les éléments clés: votre poids et votre taille.

∾

C'est ce dont j'avais entretenu Maty avant de lui demander combien elle pesait.

— Je ne sais pas. Je n'ai pas de pèse-personne.

— Ce n'est pas grave, nous pourrons vous peser à mon bureau. J'aimerais aussi mesurer votre taille, car c'est important...

— Notre entente, c'était des séances téléphoniques.

— Nos séances nous ont permis de progresser sur certains points, mais comprenez que je dois en savoir plus sur votre corps pour bien vous conseiller.

— Je ne vois pas l'utilité d'aller à votre bureau, vous n'apprendrez pas grand-chose de plus que vous ne sachiez déjà... Ma taille, je peux la mesurer moi-même. Je vous rappelle à l'heure prévue la semaine prochaine.

— Mais! La séance n'est pas finie!

— Bonne semaine, professeur!

L'INDICATEUR DE LA CORPULENCE

C'est connu, les diagnostics de surpoids et d'obésité se fondent sur l'IMC. Si votre IMC est inférieur à 18,5, votre poids est insuffisant, c'est la maigreur, voire la dénutrition. Mais si votre IMC est de 25 et plus, vous présentez un surpoids, alors qu'avec un IMC de 30 et plus vous êtes obèse. Toutefois, certains experts s'entendent pour considérer l'IMC à 27 comme le seuil du surpoids. Selon une autre école de pensée, le seuil du surpoids correspondrait plutôt à un IMC de 30. Quoi qu'il en soit, tous les experts sont d'accord pour parler d'obésité si l'IMC se situe à 40 et au-delà. C'est à cette valeur de l'IMC qu'aspirent les lutteurs vêtus d'un *mawashi* pour avoir la cote au sumo.

Calcul de l'IMC et classification

IMC = Masse (kg) / Taille (m)^2

IMC inférieur à 16 : maigreur extrême ;

IMC entre 16 et 18,4 : poids insuffisant, maigreur ;

IMC entre 18,5 et 24,9 : poids normal ou désirable ;

IMC entre 25 et 29,9 : poids excédentaire, surpoids, embonpoint, état pré-obèse ;

IMC entre 30 et 34,9 : obésité modérée (classe 1) ;

IMC entre 35 et 39,9 : obésité grave (classe 2) ;

IMC de 40 et plus : obésité morbide (classe 3).

Le poids des chiffres du poids

Vers la fin des années 1990, l'Institut national de la santé (NIH), aux États-Unis, a jugé bon d'établir à 25 la valeur de l'IMC qui correspond au seuil du surpoids. Ce seuil était auparavant à 27,8, mais on l'estimait trop élevé selon les recommandations internationales de l'époque. Cette mince réduction de la zone du poids désirable de l'IMC a précipité dans la catégorie du surpoids quelque 30 millions d'Américains !

Mais, au-delà des divergences d'opinions de la communauté scientifique internationale sur l'IMC et des règles du sumo, la question à se poser est : sur quoi s'est-on appuyé pour établir la classification de l'IMC ? La réponse réside dans les mathématiques, plus précisément dans le lien entre l'IMC et le risque de tomber malade et de mourir. Si vous faites partie de ces individus (de plus en plus rares, semble-t-il) qui ont un « poids santé », donc désirable, vous seriez, mathématiquement parlant, moins susceptible de tomber malade et de mourir prématurément. Si vous appartenez à la catégorie « poids léger » et souffrez donc de maigreur, votre risque d'être frappé de maladies serait accru ou même élevé. Les mathématiques des maladies et de la mortalité devraient aussi vous inquiéter si vous présentez un « surpoids ». Car, à partir de ce stade, les risques de maladies iraient en grandissant à mesure que s'accroît votre IMC. Toutefois, sachez que les maladies sont prises au sens large dans les seuils de risque des IMC. Ces seuils peuvent en effet varier selon que l'on s'attarde à des affections particulières. Plutôt que d'entrer dans les méandres d'une nouvelle classification selon des maladies spécifiques, revenons-en à la raison d'être de l'IMC. Après tout, ce nombre est censé nous indiquer, s'il y a lieu, de changer notre poids. Du moins en apparence…

CHANGER SON POIDS

De plus en plus de scientifiques remettent en question l'impérieuse nécessité de perdre du poids lorsque l'indicateur de la corpulence atteint la valeur critique de 25. Même chose en ce qui concerne la nécessité de prendre du poids quand la valeur correspond à 18,4 ou moins.

Il existe, bien entendu, des risques de maladies associés au surplus de poids, maladies qui sont autant liées à la surcharge de tissus adipeux qu'à la surcharge de poids. De plus, l'hérédité est reconnue comme facteur de risque important pour certaines maladies. Or, l'indicateur de la corpulence n'est qu'un pâle reflet du gras corporel ou de l'hérédité. Ainsi, on a trouvé des variations de 10% à 30% de la proportion de masse grasse chez des sujets qui avaient pourtant un IMC identique!

Notre poids, c'est la somme de l'eau que notre corps contient (qui représente de 50% à 70% de notre poids), de notre masse musculaire, de notre masse osseuse et de notre masse grasse. Une personne trapue a-t-elle obligatoirement un surplus de poids? Sa petite taille comme dénominateur de la formule de l'IMC augmente forcément la valeur de l'indice. Une personne musclée risque d'être considérée à tort comme ayant un surplus de poids. Une personne sédentaire de type brindille a peut-être une masse adipeuse trop importante, malgré une bonne note quant à son IMC. L'IMC ne conviendrait pas non plus aux personnes de moins de 18 ans et de plus de 65 ans. On est aussi dispensé du calcul de cet indice si on est enceinte ou si on allaite, si on souffre d'une maladie grave, si on est très musclé comme le sont certains athlètes, si on est nain, géant ou amputé, ou si on aspire à devenir lutteur de sumo!

Autre fait intéressant sur l'indicateur de la corpulence : il s'agit du principal critère utilisé pour diagnostiquer le surpoids et l'obésité. C'est navrant lorsqu'on compare ce diagnostic avec celui d'anorexie nerveuse, un trouble du comportement alimentaire dont les critères, décrits dans le *Manuel diagnostique et statistique des troubles mentaux, 4e édition (DSM-IV),* comprennent, entre autres, un comportement obsessionnel compulsif, une tendance au perfectionnisme, l'anxiété, la peur intense de prendre du poids, l'altération de la perception de son poids ou de la forme de son corps. Un IMC inférieur à 18,5, associé à la maigreur, ne représente qu'un des symptômes de l'anorexie. Les individus qui ont une surcharge pondérale n'entretiennent-ils pas, eux aussi, un rapport particulier avec la nourriture, avec leur corps ?

Si vous croyez avoir du poids à perdre, ne le faites pas uniquement sur la base du calcul de votre IMC. Tentez plutôt de savoir si votre masse grasse est trop importante et si elle se trouve au mauvais endroit (à l'abdomen par exemple). Pour ce faire, consultez un professionnel de la santé (diététiste, nutritionniste, médecin) qui vous permettra d'y voir plus clair et de faire votre bilan de santé.

VRAI ou FAUX ?

SE DÉBARRASSER DE LA GRAISSE LÀ OÙ L'ON VEUT

1. *Une pilule ou un produit amaigrissant peut déloger ou faire fondre la graisse de votre corps.*

2. *Des produits permettent de «brûler» la graisse corporelle.*

3. *Des suppléments ou des crèmes peuvent cibler les rondeurs indésirables.*

4. *En 2010, il y avait plus de 11 000 produits amaigrissants sur le marché.*

---

1. **FAUX.** Aucun des produits ni aucune des pilules sur le marché ne permettent de déloger ou de faire fondre la graisse corporelle. Certains de ces produits sont des laxatifs qui donnent l'impression d'avoir le ventre plus plat en favorisant une meilleure évacuation des matières fécales. D'autres sont des diurétiques, qui stimulent l'excrétion urinaire, donc l'élimination d'eau, donnant une fausse impression de perte de graisse, alors que c'est de l'eau qui est perdue.

2. **FAUX.** Outre le chalumeau, les «brûleurs de graisse» n'existent pas. Aucun produit ne peut prétendre brûler la graisse. Plusieurs de ces supposés «brûleurs de graisse» ont été retirés du marché en raison d'effets indésirables allant de troubles hépatiques, cardiaques ou neurologiques à la mort! Ces produits contenaient plusieurs substances dont des extraits de thé vert, de la caféine et des métaux toxiques qu'on a soupçonnés d'être la cause des décès.

3. **FAUX.** Aucun produit ne peut prétendre avoir une action locale et remodeler votre corps. Il est aussi illusoire de croire qu'un supplément peut favoriser la fonte de graisse à un endroit précis. Si ça existait, nous aurions tous un corps de rêve!

4. **VRAI.**

Mon cahier   Date : _____

Mes tentatives pour perdre du poids : _____
_____

Mes régimes riches en protéines... _____
_____

Le résultat... _____
_____

Mes régimes riches en protéines et en matières grasses... _____
_____

Le résultat... _____
_____

Mes substituts de repas... _____
_____

Le résultat... _____
_____

Mes régimes interdisant certains aliments, ou comportant des combinaisons
d'aliments ou un seul aliment... _____

Le résultat... _____
_____

Mon régime sans gluten... _____

Le résultat... _____
_____

Mes régimes « hanches et cuisses », « abdos »... _____

_____

Le résultat... _____

_____

Mes aliments et boissons allégés... _____

Le résultat... _____

_____

Mes repas sautés... _____

Le résultat... _____

_____

Mes autres tentatives... _____

Les résultats... _____

_____

En résumé

Les tentatives pour perdre du poids qui n'ont pas marché... _____

_____

parce que... _____

_____

Les tentatives pour perdre du poids qui ont marché... _____

_____

parce que... _____

_____

CHAPITRE 3

Naître obèse ou le devenir ?

L'obésité est-elle innée ou acquise? Voilà peut-être la question… Question que j'avais en tête lorsque a retenti la sonnerie du téléphone. C'était Maty au bout du fil.

∾

— *Bonsoir, professeur. Je ne vous dérange pas?*

— *Bien sûr que non! J'attendais votre appel, Maty.*

— *Professeur, dit-elle d'un ton embarrassé, je n'ai pas beaucoup de temps. Notre consultation sera courte…*

— *C'est comme vous le désirez. De quoi voulez-vous que nous parlions, aujourd'hui?*

— *De mon régime amaigrissant, bien entendu!*

— *Évidemment. Mais vous m'avez avoué vos échecs répétés pour perdre du poids. On pourrait en parler, de ces régimes…*

— *C'est une excellente idée. Cependant, la liste est longue et je n'aurai pas assez de temps aujourd'hui!*

— *Dans ce cas, Maty, faites-le pour vous! Prenez un cahier dans lequel vous dresserez la liste de tout ce que vous avez déjà tenté pour maigrir (les régimes, les repas sautés, etc.) et les effets sur votre poids.*

Pensez aux raisons qui ont pu causer l'échec... Profitez de l'occasion pour y indiquer votre poids actuel – si vous trouvez le moyen de vous peser – et écrivez-y pourquoi vous voulez maigrir.

– Et vous trouverez un régime qui sera vraiment efficace pour moi?

– Je ferai de mon mieux, Maty. Mais avant de parler de votre régime, j'aimerais vous connaître un peu plus.

– Me connaître? Comment?

– Votre histoire, vos parents, par exemple...

– Quel est le rapport avec mon régime?

– Maty, je crois être en mesure de vous aider. Sinon, je ne vous aurais pas proposé ces consultations. Mais je dois en savoir plus sur vous pour y arriver. À commencer par votre hérédité!

NOUS AVONS DES GÈNES ÉCONOMES

Nous sommes le produit de l'évolution de notre espèce. Rien de nouveau sous le soleil. Évolution signifie aussi survie de l'espèce humaine. Nous sommes l'aboutissement d'une espèce qui a survécu en s'adaptant à son environnement. Selon les experts, il s'agirait d'une adaptation naturelle qui remonte à quelques millions d'années, donc dans un environnement bien différent de celui dans lequel nous vivons.

Du temps de nos très lointains ancêtres, les conditions climatiques pouvaient être terriblement hostiles. Malheureusement, les bulletins météo de l'époque qui pourraient en témoigner ont tous disparu. Mais cela a peu d'importance, car, selon ce que les anthropologues rapportent, l'habillement n'était pas forcément dicté par la météo. Certains peuples vivaient complètement nus malgré des climats très rudes. Il arrivait tout de même qu'on veuille protéger son corps contre les intempéries. On se tournait alors vers la nature pour trouver le vêtement ou l'accessoire nécessaire. La cape de fourrure, la graisse et la boue étaient d'usage pour se protéger du froid extrême.

Nous pouvons donc imaginer nos ancêtres *Homo* entièrement nus, ou drapés dans des fourrures, sinon le corps enduit de graisse ou de boue, parcourant le continent en quête de la nourriture qui allait assurer leur survie. Ceux qui ont survécu ont acquis un sens aigu pour distinguer aliments comestibles et poisons. C'est sans doute de cette façon que s'est développée notre préférence innée pour le goût sucré, nous protégeant ainsi contre les plantes toxiques qui ont généralement un goût amer. Cet organe musculeux toujours humide et très mobile qui se trouve dans notre bouche aurait donc été fort utile pour la survie de notre espèce. Si vous tirez la langue, vous pourrez y sentir (avec votre doigt) ou y voir (dans un miroir) la présence de petites bosses charnues. Ces excroissances sont en fait des papilles qui contiennent tout ce qui est nécessaire pour percevoir les goûts. Votre langue est aussi essentielle pour mastiquer et avaler les aliments, et, bien sûr, pour parler, quoique parler en mangeant dénote un manque flagrant de politesse dans certaines cultures.

Nos ancêtres ont aussi dû apprendre comment conserver et apprêter les aliments de façon à ne pas s'empoisonner. Certains aliments, comme les pois secs, les lentilles, les haricots secs, contiennent en effet des substances toxiques que seule la cuisson peut neutraliser. C'est par essais et erreurs que nos valeureux aïeux l'ont appris...

En ces temps plus qu'anciens, il fallait aussi user de toute sa ruse pour ne pas crier famine trop souvent. Il y a environ un million et demi d'années de ça, l'*Homo erectus* ne faisait pas ses courses sur une base régulière et devait souvent patienter des semaines pour tuer la bête qui nourrirait sa tribu pendant quelque temps. Le pauvre n'avait donc aucune espèce d'idée de ce dont se composerait son prochain repas, ni de l'heure de ce dernier! Heureusement, l'*Homo erectus* était aussi cueilleur de plantes sauvages, ce qui lui permettait de garder le moral. Le guide alimentaire de l'époque comprenait deux éléments essentiels : l'eau et l'énergie alimentaire. Le reste était optionnel.

La nécessité, chez nos ancêtres *Homo,* de faire des réserves de nourriture en vue des mauvais jours serait demeurée inscrite dans nos gènes. Résultat : nous sommes extraordinairement efficaces pour faire des réserves corporelles et limiter notre dépense d'énergie à un niveau minimal. Car, il fut un temps où notre espèce devait faire face à des pénuries de nourriture tout aussi imprévisibles que l'étaient (et le sont toujours) les catastrophes naturelles.

Non seulement notre corps aurait gardé la mémoire des privations vécues dans notre lointain passé, mais il conserverait aussi celle des événements qui ont marqué les premiers mois de notre vie. Il semble donc que la qualité de la vie fœtale pourrait modifier le comportement de certains gènes dans plusieurs tissus, tels ceux du foie, les muscles, les tissus graisseux. Et cela pourrait ultimement influer sur notre poids futur. On sait depuis longtemps que la malnutrition dans les premiers stades de la vie peut retarder la croissance. Mais on a découvert récemment que l'exposition aux hormones du stress pouvait aussi interférer avec la croissance normale du fœtus, et cela aurait pour effet d'altérer certains gènes et d'influer sur le poids corporel. Plusieurs études ont également montré un lien entre un faible poids à la naissance et le risque de surpoids et d'obésité à l'âge adulte.

Notre évolution jalonnée de périodes de privations aurait ainsi façonné nos gènes en les rendant «économes». Le corps humain est une merveille d'adaptation à l'environnement. Maintenir un poids corporel adéquat a toujours été très important pour la survie de notre espèce. Notre héritage génétique comprend donc des «gènes économes» qui nous permettent de faire des réserves en prévision de futures privations. Le problème, c'est que nous n'en avons plus vraiment besoin pour survivre, aujourd'hui. Nos gènes sont devenus encombrants… Déplaisants, même. Car ils mettront tout en œuvre pour faire des réserves de graisse corporelle, tout en gardant assez constantes nos réserves de glucides et de protéines lorsque nous atteignons l'âge adulte.

Un peu comme nous emmagasinons de la nourriture dans notre garde-manger ou notre frigo, nous possédons des cellules grasses disséminées dans notre corps qui se gonflent de réserves lorsque nos apports alimentaires excèdent nos dépenses d'énergie. Notre corps se pourvoit ainsi de réserves de graisse pour affronter les périodes de famine, lesquelles sont, de nos jours, moins fréquentes, voire inexistantes dans les pays développés. Mais là où le bât blesse, c'est que, pour répondre à la demande, nos cellules grasses ont le pouvoir de se multiplier. Maigrir n'en changerait pas le nombre! Notre peau étant d'une élasticité sans

pareille, nos réserves peuvent ainsi s'étendre à l'infini. Enfin presque…
Là où ça devient carrément indécent, c'est cet effet pervers de nos
réserves de graisse qui fait en sorte que plus elles augmentent, plus il
devient facile de grossir ! Et plus il est difficile de maigrir, aussi ! Car,
lorsque nous prenons du poids, notre métabolisme de base (c'est-à-dire
l'énergie dont notre corps au repos a besoin pour fonctionner) pourrait
s'abaisser. Enfin, perdre des kilos n'entraîne pas forcément une baisse
du nombre de cellules grasses ; elles contiennent simplement moins de
gras, en attendant de le regagner à la prochaine occasion.

Voilà donc comment fonctionne le corps humain, une merveille
d'adaptation aux conditions de vie qu'il a subies au cours de quelques
millions d'années. Nos réserves de graisse corporelle et le pouvoir de
multiplication de nos cellules ont assuré la survie de notre espèce.
C'était utile chez nos ancêtres, les *Homo,* qui souffraient de la disette
régulièrement. Ça l'est moins de nos jours.

Certains scientifiques voient là les coupables de l'excès de poids
de l'homme moderne : les gènes économes se retrouvent au banc des
accusés dans le procès de l'obésité contemporaine. D'autres experts voient
aussi des coupables dans de nouvelles modifications génétiques (plus
récentes), qu'ils tiennent pour responsables de l'obésité. Mais attention !
On tente ici de trouver le ou les coupables de la progression fulgurante
de l'obésité observée depuis quelques décennies. Or, il faut des milliers
d'années pour que soit modifié de façon irréversible un profil génétique.
Il y a fort à parier que nos gènes sont semblables à ceux de nos lointains
ancêtres comme à ceux de nos prédécesseurs d'il y a 50 et même 100 ans.
Or, il y a 50 ou 100 ans, le phénomène de l'obésité tel que nous le
constatons aujourd'hui existait-il ? Il semble que non. Les modifications
génétiques récentes peuvent donc quitter le banc des accusés et retourner
tranquillement chez elles. Nos gènes économes, eux, peuvent y rester
un moment.

ET L'HÉRITAGE FAMILIAL, ON EN FAIT QUOI?

L'héritage familial, ce sont ces parcelles de nous-mêmes qui nous lient à nos parents. «Elle a les yeux de sa mère, le nez de son père, le mauvais caractère de sa tante, la bonne fourchette de son oncle…» Et quoi encore? Un visage bien sculpté, un teint lumineux, une démarche féline, une jolie silhouette, une taille de guêpe, des épaules de reine, un sourire craquant… Mais la loterie de la génétique ne fait pas que des gagnants. Cet héritage peut aussi être une fatalité: la taille épaisse, les jambes lourdes, une poitrine plate, des épaules tombantes, un gros ventre, des hanches larges…

Nous avons plus de ressemblances avec les membres de notre famille qu'avec ceux de la famille du voisin. On est tous d'accord sur ce point. Notre apparence générale, notre taille, la couleur de nos cheveux, de nos yeux, parfois même notre démarche ne mentent pas sur nos origines familiales. Cela ne s'arrête pas là. Il semblerait que notre masse grasse ferait également partie de notre héritage familial. Nous pouvons accueillir cette nouvelle avec plus ou moins de bonheur. Néanmoins, les ressemblances familiales quant au gras corporel existent bel et bien et elles ont été dûment vérifiées.

Avoir un parent obèse accroîtrait de deux à trois fois le risque de devenir obèse. En avoir deux doublerait presque ce risque. Les antécédents familiaux seraient donc importants, et c'est pourquoi on parle d'obésité familiale. Toutefois, dans plusieurs familles, et dans toutes les populations, certains individus sont minces alors que d'autres ne le sont pas. Pour les chercheurs, les premiers représentent les phénotypes résistant au surplus de poids et les seconds, les phénotypes susceptibles de surplus de poids. Les individus de type susceptible de prendre du poids auraient moins d'interdits alimentaires, mangeraient plus d'aliments riches en gras, maigriraient difficilement et compenseraient l'énergie dépensée pendant l'activité physique. Certains d'entre vous se reconnaîtront peut-être…

VRAI ou FAUX ?

LA GÉNÉTIQUE DU COMPORTEMENT ALIMENTAIRE

1. Un jeune enfant risque deux fois plus de manger gras si un de ses parents consomme beaucoup de produits gras. Ce risque s'établit à trois à six fois si ses deux parents consomment beaucoup de produits gras.

2. On a trouvé plus de ressemblances dans le comportement alimentaire de vrais jumeaux que dans celui de faux jumeaux.

3. La taille, la fréquence et l'horaire des repas, et même la faim que l'on peut ressentir avant un repas, seraient inscrits dans nos gènes.

---

1. **VRAI.** On a aussi trouvé des liens entre la consommation d'énergie et de sucre chez les enfants et les parents d'une même famille.

2. **VRAI.** Ces résultats appuient le rôle de la génétique familiale dans les différences que l'on peut observer concernant nos comportements alimentaires.

3. **VRAI.** Ces influences ont été relevées chez des centaines de sujets de sexes différents et de corpulences variées. De plus, parmi ces sujets, il y avait des vrais et des faux jumeaux.

❧

– C'est donc ça ! J'ai des gènes économes et je nage dans un océan d'aliments. Et je grossis !

– Cela figure peut-être parmi les raisons de votre surpoids.

– Mais tout le monde n'est pas comme ça. Pourquoi moi ?

– Vous avez raison, Maty. Malgré ces gènes économes, on voit de tout dans notre société : des gros, des moyens, des minces !

– Et ça n'a rien de nouveau…

– À la différence qu'aujourd'hui, ce sont les gros et les moyens qui représentent la majorité. Il y a toujours des personnes minces, mais elles sont de moins en moins nombreuses.

– Donc, il n'y a pas seulement les gènes qui interviennent dans le poids...

– Il est vrai que les experts évaluent la contribution des gènes au poids corporel à environ 40 %. Les 60 % restants seraient attribuables à la sensibilité individuelle à l'environnement.

– Et comme je grossis à vue d'œil, c'est que je suis très sensible à l'environnement...

– Vous faites peut-être partie des gens de type susceptible de prendre du poids. Mais les gènes de vos parents ont aussi leur importance...

– C'est difficile à dire, dans mon cas...

– Pourquoi cela?

– Je suis une enfant adoptée...

– Ah... Vous étiez jeune, à ce moment-là?

– Je n'étais qu'un bébé.

– Dans ce cas, on peut aussi penser que votre environnement familial a pu influer sur vos préférences alimentaires.

– Mais vous parliez des familles et des jumeaux, tout à l'heure.

– Vous avez bien entendu, Maty. C'est en effet chez les jumeaux et chez les frères et sœurs de sang que les liens avec l'alimentation sont les plus forts. Sauf qu'il existe aussi des liens pour les frères et sœurs par adoption! Quels plats cuisinait votre mère adoptive?

– Tout était fait maison, et c'était vraiment très bon...

NOTRE PAYSAGE ALIMENTAIRE

Ni les gènes ni notre patrimoine familial ne peuvent expliquer à eux seuls pourquoi, au cours des dernières décennies, il y a eu une croissance fulgurante du nombre de personnes présentant un surpoids ou obèses. C'est aussi précisément durant la même période qu'une pléthore de régimes amaigrissants de toutes sortes ont vu le jour, régimes, faut-il le redire, qui ont été couronnés d'un taux d'insuccès frôlant les 95 %! Le discours sur la surcharge pondérale est en voie de se réorienter vers la prévention de l'obésité en prônant un plus grand contrôle de ce que nous mangeons et de meilleurs choix alimentaires. Peut-on vraiment croire qu'il y a quelques décennies à peine, c'est-à-dire avant l'avènement de l'obésité avec un grand O, les gens avaient plus de volonté et contrôlaient mieux leur alimentation? Que, depuis, notre capacité collective à nous maîtriser et à faire des choix alimentaires éclairés se serait détériorée? Cela voudrait-il aussi dire que les gens qui vivent dans des pays où l'obésité est moins répandue ont une plus grande capacité à se contrôler? Cela impliquerait un déclin alarmant de notre nature morale et intellectuelle, ce sur quoi je vous laisse méditer…

Il y a toutefois un aspect de notre vie qui a changé de façon marquée depuis quelques décennies. Vous avez deviné? Il s'agit de notre paysage alimentaire. Nos gènes économes auraient donc un complice dans cette affaire… Certains experts soupçonnent que l'environnement alimentaire dans lequel nous évoluons jouerait un rôle de premier plan dans l'augmentation du poids corporel. À première vue, tout porte à croire que notre paysage alimentaire a changé en mieux. Du moins, on aimerait bien le croire.

Il faut reconnaître que, de nos jours, il existe peu de pays industrialisés où la nourriture est rare. La nourriture est même omniprésente; se la procurer requiert un minimum d'efforts: il suffit de se rendre au supermarché (il est même possible de faire ses courses en ligne, dans le confort de son foyer). De plus, on peut s'approvisionner à tout moment, car plusieurs marchés d'alimentation sont ouverts tous les jours, 24 heures sur 24. À cela s'ajoutent la radio, la télévision, les journaux et magazines, Internet, et j'en passe, qui nous envoient en permanence des messages publicitaires pour nous dire quoi manger, quand, où et comment. Les restaurants et les marchés d'alimentation pullulent. Triste constat: Adam Drewnowski, un chercheur américain, a montré que l'obésité s'accroît avec la proximité des restaurants-minute et des épiceries de quartier. C'est sans parler de l'industrie alimentaire qui ne ménage pas ses efforts et utilise des tests d'évaluation sensorielle très raffinés pour mettre au point des aliments et des boissons qui correspondent exactement à ce que nos papilles recherchent. Le marketing alimentaire se charge du reste!

Cette abondance d'aliments et la création de nouveaux produits alimentaires, tous plus goûteux les uns que les autres, ont atteint un niveau effarant. Mais d'un point de vue évolutionnaire, en est-on rendu là?

TOUT VA TROP VITE

Il y a, en chacun de nous, quelque chose de primitif, un instinct ancestral de survie. Or, nous vivons dans un environnement qui, lui, n'est plus en harmonie avec cet instinct. Ce décalage entre nos instincts profonds et notre environnement contemporain n'est pas sans conséquence. Il pourrait expliquer notre tendance à grossir… Car, dans nos gènes, c'est toujours la survie qui dicte la loi.

Certains spécialistes du cerveau et de la pensée croient que des facteurs biologiques limitent notre capacité à nous adapter à un environnement changeant très rapidement. L'architecture de nos cellules cérébrales et le temps de réaction aux informations sensorielles que nous recevons de notre environnement font partie de ces limites biologiques. Dans la vie de tous les jours, nous avons l'impression d'être capables d'intégrer et de transmettre rapidement de nouvelles connaissances acquises dans un environnement changeant. Toutefois, la transmission à d'autres générations de cette capacité d'adaptation à un nouvel environnement prendra infiniment plus de temps.

LE PHYSIQUE DE L'EMPLOI

Comme nous l'avons vu précédemment, nous avons été programmés pour la survie et notre évolution naturelle nous a pourvus d'un corps qui emmagasine de l'énergie plus facilement qu'il ne la dépense. Nourrir son corps et lui fournir suffisamment de réserves de gras étaient des conditions essentielles pour assurer la descendance : sans nutrition, pas de reproduction. Depuis quelques décennies, notre environnement met à notre disposition un immense choix de boissons et d'aliments goûteux et abordables. Quand on considère l'histoire de notre évolution, qui s'est échelonnée sur des millions d'années, on comprend que notre corps n'ait pas eu assez de temps pour se mettre en harmonie avec ce nouvel environnement. Pour l'instant, la surcharge pondérale vient combler le décalage entre nos instincts primitifs et notre environnement. Merveille d'adaptation ou transgression?

Notre paysage alimentaire serait-il devenu hostile? Nous tentons de trouver un sens à ce «chaos». Les cellules de notre corps, de nos organes et nos gènes ne comprennent pas pourquoi nous ne mourons plus de faim. Mais meurt-on de trop manger? L'alimentation suffit-elle à la tâche? Apparemment non.

LES PETITS GROS ET LES GROS PETITS MANGEURS

Parmi les nombreuses théories qu'ont élaborées les scientifiques soucieux de comprendre pourquoi certains petits mangeurs sont gros alors que de gros mangeurs sont petits, la théorie de l'externalité vaut la peine qu'on s'y arrête. On doit cette théorie au regretté Stanley Schachter, un éminent psychologue américain qui avait la réputation de trouver des explications simples à des problèmes complexes. Ce qui est rare, car, en science, c'est souvent l'inverse qui se produit.

Schachter s'intéressait à tout, ou presque. Il a publié des livres et des articles scientifiques percutants sur des sujets aussi variés que l'importance des émotions des investisseurs pour les cours de la Bourse, les bases métaboliques de la dépendance à la nicotine, l'élocution et les connaissances, les origines de l'avarice, et une théorie du gros bon sens qui s'appuyait sur la sagesse de nos grands-mères. Schachter a aussi apporté une contribution extraordinaire à la science de l'obésité.

En 1971, il publiait dans la revue *American Psychologist,* de l'Association américaine de psychologie, un article scientifique qui allait bouleverser les idées reçues sur l'obésité. Le psy avait constaté que les personnes de poids normal mangent quand elles ont faim et arrêtent de manger quand elles sont repues. Les personnes obèses, elles, mangent pour d'autres raisons, telles que la présence de nourriture appétissante ou l'heure de la journée. Dans une expérience notoire de Schachter menée auprès de personnes obèses, ces dernières mangeaient des arachides si le bol était placé dans un endroit éclairé, mais elles n'en mangeaient pas si le bol était dans un coin sombre. La théorie de l'externalité avait vu le jour!

« JE PEUX RÉSISTER À TOUT, SAUF À LA TENTATION. » – OSCAR WILDE

La théorie de l'externalité de Schachter a inspiré les scientifiques des années 1970 et 1980. Ils ont mené de nombreux travaux et ont découvert qu'un surplus de poids diminuait notre capacité naturelle à répondre aux signaux internes de la faim et de la satiété et nous rendait plus réceptifs (et vulnérables) aux signaux externes de notre environnement alimentaire. En d'autres mots, il est plus difficile de résister à la tentation si on a un surplus de poids.

L'attrait qu'exercent les aliments goûteux différerait selon qu'on a un surplus de poids ou non. Les aliments demeurent agréables plus longtemps au cours d'un repas si l'on a un surplus de poids, ce qui est une incitation inconsciente à manger plus. La surcharge pondérale rendrait aussi plus vulnérable à d'autres incitations, tel le coût moindre de certains aliments riches en énergie, mais à faible valeur nutritionnelle. Cette vulnérabilité à l'environnement pourrait contribuer à l'incidence accrue du surpoids et de l'obésité. Malgré les faits, nous évoluons dans un environnement alimentaire qui nous en met plein la vue, les narines et les papilles et qui, à certains moments, frise l'orgie…

∾

– *Tout cela me paraît vrai, professeur. Mais mon problème à moi, c'est autre chose.*

– *J'ai cru comprendre que vous vouliez perdre du poids.*

– *Bien sûr que oui! Et j'apprécie énormément tous vos efforts pour m'expliquer pourquoi les gens sont plus gros de nos jours. C'est rassurant. Malgré que, en ce qui me concerne, c'est vraiment une autre histoire. Je dois maigrir coûte que coûte, c'est ma vie qui est en danger…*

– Vous voulez parler de votre santé?

– Non! C'est de mon identité qu'il s'agit !

– Maty, c'est à mon tour de ne plus vous suivre.

– Je dois changer, comprenez-vous? J'ai tant de remords… Et puis, non. Vous n'êtes pas la bonne personne… Je le savais depuis le début. Désolée de vous avoir fait perdre votre temps. Adieu, professeur !

Zut! C'est trop bête! Pourquoi a-t-elle réagi comme ça? Maty me semblait particulièrement réceptive, aujourd'hui. Et là, juste au moment où elle était sur le point de se livrer, elle a fait volte-face! Et moi qui suis prise de remords… Que j'ai été bête! La vie en danger, pas la santé! Et je n'ai aucun moyen d'entrer en contact avec elle; cela faisait partie de notre entente, c'était elle qui me téléphonait. Au début, je trouvais ça inhabituel. Ensuite, je pensais que c'était plutôt original comme consultation. Là, je commence à trouver que c'était un peu étrange…

POUR EN FINIR AVEC LES GÈNES

C'est donc dotés de gènes économes que nous baignons dans l'océan alimentaire qui nous entoure. Les résultats sont assez visibles, côté poids… Notre corps est loin d'avoir fini de s'adapter à tous les changements qui se sont produits dans notre environnement. L'homme a commencé à pratiquer l'agriculture il y a environ 10 000 ans pour produire ses aliments. L'agriculture a amené un mode de vie plus sédentaire, que l'urbanisation a amplifié. Sans oublier les grands axes routiers qui se sont multipliés de façon exponentielle depuis les années 1960. Le corps humain, qui est le résultat de millions d'années d'adaptation – une adaptation motivée par la survie –, réussira-t-il à survivre à tous ces changements qui ont touché notre environnement en si peu de temps?

Peut-être percevons-nous inconsciemment ce monde où la nourriture abonde et où l'on n'a pratiquement plus d'effort à faire pour se procurer de quoi manger, donc pour survivre, comme un environnement hostile. Nous sommes arrivés au stade où nos cellules tentent de donner un sens à ce chaos. Ce sens se trouve peut-être dans l'épigénétique, un domaine de recherche en plein essor. Le terme *épigénétique* signifie littéralement «au-dessus des gènes» et renvoie à la façon dont nos gènes se comportent, sans altération de leur structure de base. C'est ainsi que notre façon de vivre, nos expériences, notre alimentation pourraient influer sur nos gènes par l'épigénétique. Cela nous conférerait en quelque sorte une nouvelle identité et ferait de nous des êtres encore plus différents, hyper-uniques.

Certaines découvertes récentes de l'épigénétique concernant la régulation du poids ont de quoi surprendre. Des chercheurs anglo-saxons ont examiné les habitudes alimentaires de femmes en début de grossesse et les ont mises en rapport avec le comportement de gènes qui pourraient être importants pour la régulation du gras corporel et l'adiposité de leurs jeunes enfants. Ils ont constaté un lien important entre une faible consommation de glucides par les futures mères, le comportement des gènes et un pourcentage plus élevé de gras corporel chez les enfants! Nous pourrions ainsi être «destinés» à avoir plus de gras corporel selon l'alimentation de notre mère durant la grossesse. Les études qui permettront de déterminer les interventions nutritionnelles pendant la grossesse pour cibler le gras corporel se font attendre… Des nutriments, comme les vitamines C, B12, B6, B9 (folate), certains acides aminés et certains minéraux, tels le zinc et le sélénium, semblent être de bons candidats pour étudier l'épigénétique du gras corporel. Une histoire qu'il faudra suivre de près!

Mon cahier   Date : _____

Mon héritage familial m'a légué un corps... _____

_____

Le poids corporel de chacun de mes parents... _____

Les conséquences possibles sur mon poids actuel... _____

_____

Les plats de mon enfance étaient... _____

_____

Les habitudes alimentaires que j'ai acquises au cours de mon enfance sont...

_____

J'aime plutôt les aliments très sucrés, salés, gras ou autres... _____

_____

Des exemples... _____

_____

Cela s'explique par... _____

_____

Cela pourrait-il être changé ? _____

_____

Je choisis de faire un changement afin de contrôler mon faible pour...

_____

Par exemple... _____

_____

CHAPITRE 4

Qui dort dîne

C'était le jour et l'heure où la sonnerie du téléphone devait retentir, avec Maty au bout du fil. Malgré la fin abrupte de notre dernier entretien téléphonique, et le troublant «Adieu, professeur», j'avais l'oreille attentive… Je ne voulais pas rater l'occasion de reprendre contact avec Maty. Espérant qu'elle reviendrait sur sa décision, je passai l'heure suivante dans mon bureau.

LES DÉBOULONNEURS DÉBOULONNÉS…

En feuilletant distraitement le magazine *Le Présent,* je tombe sur un article qui déboulonne un mythe selon lequel l'heure à laquelle on ingère les calories et celle à laquelle on les dépense peuvent mener à la prise de poids. Ainsi, il ne faudrait pas aller au lit tout de suite après avoir mangé, au risque de prendre du poids. La journaliste écrit que ce mythe repose sur une «vieille étude suédoise» qui avait constaté que des femmes obèses tendaient à manger plus tard au cours de la journée que des femmes minces. Cette étude rapportait aussi que les obèses ingéraient plus de calories par jour que les minces. Il n'en fallait pas plus pour que le Dr Aaron Carroll, un professeur américain, affirme que l'heure à laquelle on mange importe peu pour la prise de poids: ce qui compte, c'est qu'on ingère plus de calories qu'on en dépense. Et la journaliste de conclure au mythe déboulonné.

Le Dr Carroll est non seulement professeur, mais aussi pédiatre affilié à plusieurs hôpitaux dans l'Indiana. En janvier 2008, il signait, avec le professeur Rachel C. Vreeman, un article intitulé «Festive Medical Myths» («Les mythes médicaux des festivités»), publié dans le *British Medical Journal*. Parmi les mythes auxquels s'attaquaient les professeurs figurent les suivants: «Le sucre rend les enfants hyperactifs», «Les suicides augmentent au cours des vacances», «Les poinsettias sont toxiques» et «Les festins nocturnes font engraisser». J'avais peut-être mis le doigt sur ce qui avait inspiré la journaliste du magazine *Le Présent*! L'article de Vreeman et Carroll relate en effet une étude suédoise publiée en 2002, qui porte sur la distribution, dans la journée, des repas pris par des femmes obèses et des femmes minces. Cette étude ressemble étrangement à la «vieille étude suédoise» dont faisait mention la journaliste du *Présent*. La lecture de l'étude suédoise m'apprend que les obèses consommaient en moyenne six repas et collations par jour, comparativement à cinq pour les minces. Toutefois, il n'y avait pas de différence entre les sujets quant au nombre de repas et de collations consommés dans les tranches horaires: 6 h-10 h, 12 h-14 h, 16 h-18 h et 18 h-20 h. Les obèses mangeaient plus de repas et de collations que les minces aux horaires suivants: 14 h-16 h, 20 h-22 h et 22 h-minuit. Malgré cela, les sujets obèses dormaient environ sept heures chaque nuit, tout comme les minces. On a aussi constaté que les obèses ingéraient plus d'énergie, plus de protéines et de lipides et moins de glucides et d'alcool que les minces sur une période de 24 heures. Malheureusement, on ne nous dit pas à quel moment de la journée les obèses consommaient plus ou moins d'énergie et de nutriments que les minces. Malgré ces dernières données peu probantes concernant la prise calorique des minces et des obèses, les professeurs Vreeman et Carroll balaient du revers de la main l'heure à laquelle on mange comme facteur d'influence pour le poids. La journaliste avait rapporté ces propos sans discernement et conclu au mythe déboulonné!

Les déboulonneurs de mythes auraient sans doute intérêt à s'informer sur le *night eating syndrome* ou syndrome de l'hyperalimentation nocturne.

MANGER AU BON MOMENT

Le syndrome de l'hyperalimentation nocturne, décrit dès les années 1950, se manifeste par de l'anorexie matinale, une forte consommation alimentaire pendant la nuit, de la détresse psychologique et un gain de poids. Il ne faut pas confondre l'hyperalimentation nocturne avec d'autres troubles alimentaires liés au sommeil dans lesquels la consommation alimentaire se produit dans un état modifié de conscience. Les sujets atteints d'hyperalimentation nocturne sont tout à fait conscients de ce qu'ils mangent, bien qu'ils sentent qu'ils ont perdu la maîtrise d'eux-mêmes.

Selon les études, l'hyperalimentation nocturne n'ajoute habituellement pas de calories aux apports quotidiens, sauf parfois 25 % de calories supplémentaires. Un tel excès calorique est propre à contribuer au développement du surpoids et de l'obésité. Mais il y a plus que les calories qui comptent dans la balance... L'heure à laquelle on mange pourrait peser autant ou même plus sur le poids que les calories seules. Par exemple, dans un programme de perte de poids avec un régime comportant 900 calories journalières, des sujets obèses atteints du syndrome d'hyperphagie nocturne ont perdu moins de poids que des sujets obèses exempts de ce syndrome. L'hyperphagie nocturne pourrait non seulement prédisposer au surpoids et à l'obésité, mais aussi contribuer à les maintenir. Et ce n'est pas tout.

En avril 2011, dans la très respectée revue *Obesity,* on pouvait lire que plus on se couche tard, plus on mange tard. Et vice versa. On s'en doutait un peu, mais *Obesity* le prouve de façon irréfutable. De plus, une association a été faite entre l'heure où l'on se met au lit et le poids corporel. L'indice de masse corporelle était ainsi plus élevé chez les couche-tard que chez les couche-tôt. Mais la découverte la plus surprenante, c'est qu'il n'y avait pas de différence notable dans les calories journalières ni dans les nutriments ingérés par les couche-tôt et les couche-tard. Seules les calories ingérées après 20 h semblaient favoriser un poids plus élevé! Comme quoi il faut se méfier des petites fringales de soirée!

À bien y penser, l'idée de manger au bon moment de la journée pour garder la ligne a beaucoup de sens. N'est-il pas vrai que l'effet rassasiant des aliments va en décroissant à mesure que la journée avance? Notre corps serait ainsi «programmé» pour faire des réserves au cours de la journée en prévision du jeûne de la nuit. En conséquence, il nous est plus facile de contrôler ce que nous mangeons en début de journée qu'en fin de journée. Ce moins bon contrôle de l'appétit en fin de journée est, en effet, favorable à la mise en réserve. Même notre métabolisme s'en mêle, car notre corps dépense plus d'énergie à la suite des repas pris en début de journée qu'après ceux de la fin de la journée. Cela favorise aussi le stockage des nutriments et des graisses corporelles. Des études qui forçaient des sujets à manger les mêmes aliments soit en début soit en fin de journée l'ont prouvé. Le gain de poids était plus élevé avec l'alimentation de fin de journée, peu importe le nombre de calories.

Plusieurs des études portant sur la dépense d'énergie selon l'heure de la journée ont été menées auprès de travailleurs de nuit, pour des raisons pratiques, car il est plus facile d'observer le comportement de personnes qui vont normalement manger le soir et la nuit, plutôt que de forcer des gens à changer leurs habitudes. Ces études ont permis de saisir pourquoi certains individus ont beaucoup de mal à s'adapter à l'horaire de nuit et peuvent développer des problèmes de digestion, de sommeil et même de poids. On peut maintenant comprendre que manger à un moment de la journée où les aliments sont moins rassasiants et où notre corps est en mode stockage puisse favoriser le gain de poids. Même si on surveille les calories!

Au cours de l'évolution, certaines espèces animales, telles que les rats et les souris, ont adopté un mode de vie nocturne. Nos ancêtres, eux, nous ont légué un mode de vie diurne. Notre corps est donc naturellement adapté pour effectuer les tâches quotidiennes le jour et se reposer la nuit. Ce n'est qu'assez récemment que nous avons commencé à adopter un mode de vie quasi nocturne, allongeant ou repoussant nos journées de travail jusque tard en soirée ou même durant la nuit. Or, devenir un oiseau de nuit n'est pas sans conséquence. Chez certains individus vulnérables, un décalage entre le rythme des activités journalières et celui du fonctionnement du corps se traduit par un gain de poids. Cela sans parler des nuits écourtées, qui pourraient aussi contribuer au gain de poids!

« Qui dîne dort » ou « Qui dort dîne » ?

Vous connaissez le proverbe « Qui dort dîne » ? On s'entend en général sur sa signification : le sommeil fait oublier ou passer la faim. Les Anglais disent *« He who sleeps forgets his hunger »* (« Celui qui dort oublie sa faim »), les Bretons (France), *« Ar c'housket a zo hanter voued »* (« Dormir c'est moitié nourriture »), alors que le poète grec Ménandre écrivait : « Le sommeil nourrit celui qui n'a pas de quoi manger. » On doit également à Ménandre l'idée que « la nuit porte conseil ». Cependant, on attribue l'origine de « Qui dort dîne » à une pratique moyenâgeuse et peu scrupuleuse : celle de refuser le gîte au voyageur qui ne désirait pas dîner, ce qui pourrait se traduire par : « Qui dîne dort, qui ne dîne pas sort ! » Sachez aussi que l'énergie requise par la fonction digestive à la suite d'un repas copieux favoriserait l'endormissement, d'où l'expression miroir : « Qui dîne dort. » Pensons à celui qui s'endort après un repas copieux, ou avant la fin du repas, ronflant à table !

QUI DORT DÎNE ?

Certains experts en matière de surpoids et d'obésité se sont intéressés à la locution « Qui dort dîne » et ont démontré que le lit, lieu où, généralement, commencent et se terminent nos activités journalières, pèserait lourd dans la balance quand on parle de poids. Exit le garde-manger, pensons dodo pour garder la ligne. Toutefois, il ne faut ni trop dormir ni dormir trop peu, disent les experts. Je vous l'accorde, cela mérite une explication.

On trouve un bel exemple de « Qui dort dîne » dans la revue scientifique *Sleep*. Un groupe de chercheurs dirigé par des Québécois y a publié, en 2008, les résultats d'une étude ayant nécessité six années de travail. C'était le temps requis pour suivre de façon sérieuse l'évolution du poids de 276 adultes. On a évalué la composition corporelle, dont le pourcentage de gras, ainsi que le tour de taille, l'apport en énergie alimentaire et la dépense calorique des sujets au début et à la fin de l'étude. À vrai dire, cette étude est unique du fait qu'on a aussi demandé aux participants : « En moyenne, combien d'heures dormez-vous par nuit ? » Certains ont répondu ne dormir que 4 heures, alors que d'autres dormaient de 11 à 12 heures par nuit! Les chercheurs devaient néanmoins séparer les personnes en groupes de petits, de moyens et de gros dormeurs, avec un nombre suffisant de sujets par groupe. Et ils y sont parvenus, car une quarantaine de personnes dormaient de 5 à 6 heures par nuit, presque 200 personnes dormaient de 7 à 8 heures et environ 40 autres dormaient de 9 à 10 heures. Autre fait surprenant: le sexe des sujets n'avait pratiquement rien à voir avec la durée du sommeil. Des tests statistiques rigoureux ont permis d'établir que, comparativement au dormeur moyen (7 à 8 heures de sommeil), le risque de prendre 5 kilos était 35% plus élevé chez les petits dormeurs (5 à 6 heures) et 25% plus élevé chez les gros dormeurs (9 à 10 heures). On a aussi estimé le risque de devenir obèse et on a trouvé qu'il allait dans le même sens! D'où l'expression: «Qui ne dort pas grossit, qui dort trop aussi.»

Dormir dans l'Histoire

L'idée que le sommeil peut tenir lieu de nourriture n'est pas nouvelle. Elle plonge même ses racines dans la plus haute antiquité. Toutefois, les médecins du monde antique voyaient d'un bon œil un surpoids modéré et un solide appétit, signes de santé. Seuls les surpoids extrêmes, voire morbides, qui restreignaient la mobilité et les rapports sexuels, étaient considérés comme problématiques et devaient être traités. Hippocrate divisait le surpoids en deux types, selon les humeurs: la personnalité sanguine des bons vivants (chaude et humide) et la personnalité flegmatique des dépressifs (froide et humide). Ainsi, parmi les recommandations d'Hippocrate aux patients ayant un excès de poids et une personnalité sanguine figuraient: demeurer nu aussi souvent que possible, absorber des aliments secs et dormir sur un lit dur!

Quelques siècles plus tard, Soranus d'Éphèse considérait comme normal un surplus de poids modéré. Par contre, on devait corriger un surpoids immodéré en participant à des concours de chant, en ne mangeant qu'un plat par jour et en dormant le moins possible! Au Moyen Âge, même si être gros n'était pas un problème en soi, on élevait la gourmandise au rang de péché capital. Cette croyance se poursuivit jusqu'au XVIIIe siècle, époque où le surpoids était la conséquence non pas d'un, mais de trois péchés capitaux : la gourmandise, la paresse et la luxure. Pour la gourmandise, c'est assez évident, et rester trop longtemps dans son lit pourrait aussi faire grossir. Quant au lien entre la luxure et le surpoids, ça se complique... Les conseils d'hygiène de l'époque comprenaient donc : rester sur son appétit, dormir peu et éviter les élans passionnels. Comme rien n'est simple, la recherche moderne conteste plusieurs de ces recommandations.

L'homme contemporain étant généralement très occupé, il a tendance à rogner sur ses heures de sommeil pour arriver à tout faire en 24 heures. Certains d'entre vous se reconnaissent peut-être... Nous avons ici un argument de taille pour comprendre pourquoi l'homme moderne petit dormeur serait plus gros que ne l'étaient ses lointains ancêtres, qui roupillaient probablement plus longtemps. C'est ce que semble indiquer l'étude de *Sleep* dont il était question précédemment. Cependant, on en sait peu sur les gros dormeurs modernes, eux aussi plus lourds que leurs prédécesseurs.

LE SOMMEIL ET LE POIDS

Plus d'une étude scientifique a amené les chercheurs à conclure ceci : «Qui ne dort pas grossit, qui dort trop aussi!» D'autres études n'indiquent pourtant aucun lien entre le sommeil et le poids. Sachez toutefois que, dans la majorité des cas, ce que l'on a étudié, c'est l'association mathématique pouvant exister entre la durée du sommeil et le poids. Sans qu'on soit intervenu sur l'un ou sur l'autre. Par exemple, on a mesuré le poids et la taille des sujets et on leur a demandé combien de temps ils dormaient. Divers tests statistiques ont alors permis de déterminer s'il existait une relation entre le poids et le sommeil. Une telle relation n'indique en rien s'il y a un lien de cause à effet entre le sommeil et le surpoids. Il reste d'autres étapes à franchir pour prouver que la durée du sommeil est un facteur important du développement de l'obésité. Une piste à suivre nous est donnée par une étude qui a montré qu'il est plus difficile de maigrir lorsqu'on est privé de sommeil que lorsqu'on dort suffisamment. Des sujets en cure d'amaigrissement et dont on a restreint la nuit de sommeil à 5,5 heures ont perdu non seulement moins de poids, mais aussi moins de graisse corporelle que des sujets suivant la même cure, mais dormant 8,5 heures !

Et si c'était plutôt en raison d'un surplus de poids que l'on dormait plus ou moins longtemps ? Nos tissus graisseux constituent en effet un organe complexe qui a le pouvoir d'influer sur plusieurs fonctions corporelles, par exemple notre système reproducteur ou notre métabolisme énergétique. Et pourquoi pas aussi notre sommeil ? Mais avant de conclure à des histoires à dormir debout, le lien entre le sommeil et l'obésité mérite d'être exploré plus à fond.

J'ai donc fouillé la littérature scientifique à la recherche de la clé de cette énigme et voici ce que j'ai d'abord trouvé comme explication. Plus on dort, moins on dépense d'énergie, donc plus on risque de grossir. Élémentaire ! C'est une tout autre histoire quand on dort peu, car moins on dort, plus on a de temps pour manger et plus on risque de grossir. Cela va de soi ! Des auteurs ont aussi avancé que moins on dort la nuit, plus on est fatigué dans la journée, ce qui fait qu'on dépenserait moins d'énergie. Tout cela est certes intéressant, mais reste à prouver par des études scientifiques contrôlées.

Ce qui a été prouvé à ce jour, c'est que le sommeil a un effet sur la sécrétion d'hormones qui agissent sur l'appétit. Surprenant ? Pas vraiment quand on s'y connaît dans ce domaine. Comme ce n'est pas donné à tous, voici ce qu'il en est. Nos tissus graisseux sécrètent diverses substances. Une de ces substances est la leptine, dont le nom vient du grec *leptos,* qui signifie «mince». Ce nom convient tout à fait à cette hormone qui est en quelque sorte le reflet de l'état de nos réserves de graisse. Le taux sanguin de leptine varie en proportion de nos réserves de graisse corporelle. Là où ça devient intéressant, c'est que la leptine peut entrer dans notre cerveau où elle signale l'état de nos réserves de gras. Si nos réserves de gras sont élevées, la leptine (qui sera aussi élevée) aurait pour effet de calmer l'appétit, alors qu'en cas de faibles réserves de gras, la leptine (aussi faible) pourrait stimuler l'appétit. Quant au lien avec le sommeil, des études ont mesuré un plus faible taux de leptine chez les petits dormeurs que chez les dormeurs moyens. Les petits dormeurs étant plus gros que les dormeurs moyens dans ces études, leurs tissus graisseux auraient dû sécréter plus de leptine, qui aurait pu calmer l'appétit. Mais il n'en est rien. Les petits dormeurs avaient moins de leptine et, de ce fait, étaient possiblement plus enclins à manger! Mais sachez que tous les scientifiques ne s'entendent pas sur ce dernier point. Car un sommeil de qualité ne se réduit pas au nombre d'heures passées à dormir. À l'intérieur d'une même durée de sommeil, des périodes d'éveil plus ou moins nombreuses pourraient aussi incommoder notre leptine et augmenter nos fringales!

L'appétit au pays des rêves

On appelle «sommeil paradoxal» le stade du sommeil au cours duquel notre tonus musculaire est à plat, sauf celui de nos muscles oculaires. Des mouvements rapides des yeux se produisent alors sous nos paupières closes. Selon certains spécialistes du sommeil, ce serait à ce stade que se produiraient nos rêves. Des études étonnantes chez le chat ont montré que le sommeil paradoxal permettait de prédire l'appétit. Un sommeil paradoxal d'une durée accrue diminuait l'ingestion de nourriture des félins, alors qu'une réduction de ce sommeil était suivie d'une ingestion plus importante. Comme quoi le pays des rêves recèle encore bien des mystères!

LE SOMMEIL ET L'HORLOGE BIOLOGIQUE

Dormir suffisamment serait assurément la méthode idéale pour éviter de prendre du poids et, qui sait, peut-être pour en perdre. Nul besoin de régime amaigrissant, de privations, de programme d'exercice physique pour être mince, il suffirait d'un sommeil quotidien d'environ sept heures, et le tour est joué! Du moins, c'est ce que certaines études soutiennent. Mais, il y a sommeil et sommeil…

Le sommeil est aussi vital que l'alimentation. Sans alimentation, c'est la mort; sans le sommeil, c'est la folie, et sans doute la mort. S'alimenter, oui, mais bien, de préférence. Dormir, oui, mais bien aussi. Notre sommeil est très organisé et nous permet de récupérer, selon des cycles de sommeil lent et de sommeil paradoxal bien définis. Les différentes phases de veille et de sommeil sont repérables grâce à la mesure de l'activité du cerveau, des yeux et des muscles. La compréhension du sommeil déborde donc largement la question de sa durée. Les troubles du sommeil en font foi. L'insomnie serait le trouble le plus répandu ; elle est caractérisée par des dérèglements au moment de l'endormissement ou de l'éveil (réveil précoce), ou par des éveils nocturnes, ou tout simplement par un sommeil non récupérateur. Une courte nuit de sommeil normal et récupérateur peut-elle se comparer à celle d'un insomniaque qui dormirait le même nombre d'heures ? Assurément non. À quand les études qui envisageront l'association poids-sommeil sous cet angle ?

Un sommeil récupérateur a des répercussions positives sur plusieurs aspects de notre vie. Notre humeur, nos facultés intellectuelles, notre efficacité au travail, même notre système immunitaire retirent des bienfaits d'une bonne nuit de sommeil. Par ailleurs, certaines maladies psychiques, telles que la dépression, l'anxiété, le stress post-traumatique, la schizophrénie sont accompagnées de troubles du sommeil. Bien que la durée et le déroulement du sommeil soient perturbés au cours de ces maladies, il n'existerait pas de lien de causalité. Cependant, il pourrait y avoir un lien entre le dérèglement de l'horloge biologique, le sommeil et le poids. Chez les travailleurs de nuit, notamment.

Depuis notre naissance, nous avons acquis plusieurs rythmes biologiques, dont le rythme veille-sommeil qui se synchronise sur 24 heures selon l'alternance du jour et de la nuit. Or, les travailleurs de nuit mangent et dorment en décalage par rapport à ce rythme naturel. Récemment, on a rapporté une prévalence plus élevée de surpoids et d'obésité chez ces travailleurs que chez les travailleurs de jour. On croit aussi que la désynchronisation des rythmes d'alimentation et de sommeil due au travail de nuit encouragerait la mise en réserve de graisse corporelle, et ce, même lorsque les travailleurs de nuit ne consomment pas plus d'énergie que les travailleurs de jour.

Le corps et le temps

L'idée que nous avons de notre corps est très réductrice. Nous pensons de prime abord à notre corps spatial, ou à ce que représente notre corps dans l'espace du moment présent ; par exemple, le poids de notre corps tel que nous le mesurons sur le pèse-personne et notre anatomie au moment où nous nous regardons dans un miroir. Saviez-vous que notre poids et notre anatomie sont en changement constant ? Notre corps a une autre dimension beaucoup plus importante que sa dimension spatiale, il a une dimension temporelle. Notre corps change constamment dans le temps et cela se fait de façon rythmique avec des périodes variant de milliseconde en milliseconde, de seconde en seconde, de minute en minute, d'heure en heure, de saison en saison, et cela se répète d'année en année depuis le moment de notre conception jusqu'à notre mort. Comme le jour alterne avec la nuit, notre corps se développe et évolue selon des rythmes prévisibles.

Un des pionniers de l'étude du corps dans le temps est le médecin italien Sanctorius, né au XVIe siècle. Sanctorius a passé un nombre incalculable de jours assis dans une énorme balance qu'il avait fait construire pour son usage personnel. Ces séjours lui ont permis de découvrir que son poids corporel variait selon un rythme prévisible qui se répétait tous les 30 jours. Il a publié un traité dont le titre fut traduit comme suit : *Science de la transpiration ou médecine statique, c'est-à-dire manière ingénieuse de se peser pour conserver et rétablir la santé par la connaissance exacte du poids de l'insensible transpiration.* L'existence du rythme du poids d'environ 30 jours ne sera de nouveau rapportée qu'en 1977 ! Il faut également signaler les publications de Lavoisier, en 1790, qui expliquent que le rythme du poids corporel varie régulièrement au cours de chaque période de 24 heures. D'où l'importance non seulement de manger à la bonne heure, mais aussi de se peser au même moment de la journée.

Mon cahier   Date : _____

À mesure que la journée avance, mon corps devient de plus en plus efficace pour faire des réserves, et mes repas pris tard dans la journée (ou pendant la nuit) seraient emmagasinés plus efficacement que mes repas pris plus tôt dans la journée.

En général, je prends mon petit-déjeuner, mon déjeuner et mon dîner aux heures suivantes : _____

_____

Pour les fringales nocturnes... _____

_____

Une ou deux choses que je pourrais améliorer... _____

_____

L'effet rassasiant des aliments diminue à mesure que la journée avance.

Je sens que je contrôle mieux ou moins bien ce que je mange et ce que je bois à certains moments de la journée, tels que... _____

_____

Les répercussions sur ce que je mange... _____

_____

Ce que je pourrais faire pour reprendre le contrôle... _____

_____

_____

Des nuits trop courtes ou trop longues ont été associées à un poids corporel plus élevé.

La semaine, je dors en moyenne... _____

Et le week-end... _____

La qualité de mon sommeil est en général... _____

_____

Ce que je pourrais améliorer en rapport avec mon sommeil... _____

_____

De quelle façon? _____

_____

CHAPITRE 5

Qui vient dîner ?

Je savais peu de choses sur Maty, mais je ne pouvais m'empêcher de songer à elle. Pourquoi n'avait-elle pas communiqué avec moi la semaine dernière ? Que faisait-elle en ce moment ? Était-elle en train de prendre un repas ? Seule ou avec des amis ? Et où ça ? Chez elle ou au resto ? Mangeait-elle en lisant, en regardant la télévision, devant son ordinateur ? Les seules réponses à ces questions auraient pu m'en apprendre beaucoup sur les habitudes alimentaires de Maty. Car manger en société influe sournoisement, et de façon tout à fait étonnante, sur notre façon de manger et de boire.

DIS-MOI OÙ TU MANGES, JE TE DIRAI COMMENT TU TE NOURRIS

On sait que la vie en société dicte souvent l'heure de nos repas. Or, l'endroit où nous nous trouvons aurait aussi une incidence capitale sur notre alimentation. Imaginez-vous, par exemple, dans une grotte, loin de toute civilisation. Vous ne savez pas s'il fait jour ou nuit et vous ne recevez pas le journal, ni aucun courriel ou texto. Bref, vous êtes seul avec vous-même. C'est alors que vous commencez à organiser vos journées sur 25 heures au lieu des 24 heures habituelles. Cela constitue en fait votre rythme inné. De plus, après quelques semaines de séjour dans votre grotte, l'alternance de vos périodes de veille et de sommeil se dérègle et vous vivez à contresens par rapport à certains de vos rythmes biologiques. Vous ne mangez ni ne dormez plus au bon moment...

C'est précisément ce qui est arrivé à plusieurs personnes qui ont tenté cette expérience, certaines pendant plusieurs mois, à l'abri des regards indiscrets sauf ceux de quelques scientifiques curieux. Ces réactions montrent l'importance des signaux que nous envoie notre environnement pour régler plusieurs de nos rythmes, dont ceux de notre alimentation.

La communauté scientifique, toujours à l'affût de nouvelles découvertes, s'est donc appliquée à tester tout ce que l'environnement social avait à offrir lorsqu'on sort de sa grotte. Les chercheurs ont scruté les effets de la présence d'une autre personne, ceux du nombre de convives à table, nos liens avec ces derniers, l'endroit où nous mangeons, l'éclairage, la décoration, la température ambiante, la musique, le contexte du repas, sans oublier l'ambiance générale. Les efforts des scientifiques ont été largement récompensés, car presque tous ces facteurs interviennent dans le choix des aliments et des boissons, ainsi que dans la taille et la durée des repas.

Parmi les autres découvertes scientifiques épatantes, les chercheurs ont trouvé que notre emploi du temps rythmait l'heure de nos repas (ça, on s'en doutait) et que la convivialité pouvait influer sur nos choix alimentaires (ça, on s'en doutait moins). Par exemple, selon que vous mangez en compagnie de vos collègues de travail ou seul dans votre coin, votre tour de taille pourrait en être affecté.

DIS-MOI AVEC COMBIEN DE PERSONNES TU MANGES...

On n'a constaté que récemment les effets collatéraux du fait de manger en société. D'énormes changements dans le monde du travail et dans les modèles de repas sont intervenus au cours du XXe siècle, et ils se sont intensifiés durant les 30 dernières années. L'heure à laquelle on mange, le nombre de repas, leur durée et le temps que l'on consacre à leur préparation sont des réalités assez récentes. Le modèle des trois repas par jour daterait de la fin du XIXe siècle. Depuis quelques décennies seulement, les repas pris en famille cèdent peu à peu la place aux repas en solitaire. On mange plus souvent sur le pouce, à l'extérieur de la maison; on consacre moins de temps à préparer les repas, on saute le petit-déjeuner quand le trajet pour se rendre au bureau ou en classe est long ou quand on surveille son poids… Avec des conséquences pas toujours réjouissantes.

Lorsque vous vous trouvez en présence d'autres convives, il est fort possible que vous mangiez plus et plus longtemps que lorsque vous mangez seul. Du moins c'est ce qu'ont trouvé les chercheurs qui ont longuement étudié la question, en particulier John de Castro, un chercheur américain qui pourrait devenir le fier détenteur du record Guinness de publications sur le sujet, si une telle catégorie existait. Les études de John de Castro ont montré que plus il y a de convives à table, plus on mange. Les repas pris en compagnie d'autres personnes étaient 44 % plus importants que les repas pris seul. Et le nombre de calories et de gras ingérés était plus élevé dans les repas de groupe.

D'autres études ont rapporté que le lien entre le nombre de personnes à table et la grosseur des repas était linéaire. Plus il y a de convives et plus on mange, avec une inquiétante augmentation de 76 % d'énergie consommée dans un repas « partagé » par sept personnes ou plus! Donc, pour manger santé, ne vaudrait-il pas mieux s'isoler? Avant de vous retirer dans vos appartements à chaque repas, lisez ce qui suit.

DIS-MOI AVEC QUI TU MANGES…

Manger en terrain neutre n'aurait pas le même effet sur la taille des repas que manger en terrain familier. En d'autres mots, la familiarité entre les convives influerait sur leur consommation alimentaire. Plusieurs études ont en effet montré qu'on mange plus lorsqu'on est entre amis ou en famille que lorsqu'on mange avec de purs étrangers. Il existe aussi de fortes ressemblances dans les habitudes alimentaires des membres d'une même famille, en ce qui concerne la consommation de sucres, de protéines et de lipides et la prise calorique. Mais, on n'a pas déterminé si ces similitudes relevaient de l'environnement familial ou de la génétique, car les enfants autant que les conjoints se ressemblent sur ce point.

Bizarrement, on a testé l'effet facilitateur de la familiarité entre les convives sur la quantité de la nourriture ingérée en utilisant des assiettes petites ou grandes, sans que cela modifie les résultats.

Les repas pris en tête à tête, quant à eux, recèlent des trésors d'informations. Examinons d'abord les repas de filles. Il semblerait que les sujets féminins copient le comportement alimentaire de leur compagne de table. Si sa compagne de table mange peu, une femme mangera peu, et si elle mange beaucoup, l'autre fera de même. Le hic : cela est encore plus vrai si l'on a une compagne de table peu sociable ! Voici comment on l'a testé : on a demandé à des jeunes femmes de manger en tête à tête, soit en échangeant des propos amicaux, soit avec l'une d'entre elles lisant un magazine et n'engageant pas ou ne soutenant pas la conversation. Sous un angle scientifique, le repas pris entre copines amicales était plutôt banal. Par contre, en présence d'une compagne peu sociable et laconique, l'autre mimait littéralement sa consommation de nourriture : si la copine peu sociable mangeait beaucoup, l'autre faisait de même ; si l'asociale mangeait peu, sa compagne mangeait peu. Résultat : leurs repas étaient pratiquement identiques ! Comment expliquer cela ? Il était jusque-là connu qu'on mange généralement davantage en présence d'une autre personne. On avait constaté ce même effet caméléon pour la consommation d'alcool, qui allait croissant lorsque l'ambiance était bonne. Et maintenant, on s'apercevait que la bonne ambiance à table n'avait pas l'effet escompté sur la consommation de nourriture. Il fallait trouver une explication plausible. Les scientifiques ont alors déduit que, dans un contexte peu amical, on recherche l'approbation en imitant les comportements d'autrui. Il en serait de même si l'on veut faire bonne impression, par exemple à l'occasion d'un repas avec un futur patron potentiel.

En plus des échanges verbaux, l'apparence physique pourrait influer sur nos ardeurs alimentaires lorsque nous nous trouvons en présence d'une autre personne. Une étude ingénieuse l'a démontré en modifiant au moyen d'une gaine le tour de taille de jeunes femmes de poids normal. On a d'abord vérifié que, lorsqu'une jeune femme mangeait une plus grande quantité d'une collation (selon des instructions planifiées), l'autre participante qui l'accompagnait faisait de même, et vice versa. Ensuite, on a testé cet effet d'entraînement chez des jeunes femmes de taille normale ou à la taille amincie à l'aide de la gaine. L'effet caméléon, consistant à manger plus ou moins, selon ce que mange sa compagne, ne s'est produit qu'en présence des personnes de taille normale, disparaissant lorsque les participantes se trouvaient avec une femme à la taille fine. Les femmes de taille normale se sentaient-elles intimidées par celles à la taille mince et inhibaient-elles de ce fait leur envie de manger? La minceur étant souvent perçue comme un signe de prestige, de santé, voire de discipline, mettrait-elle un frein à cette tendance naturelle que nous avons à imiter nos semblables? Se pourrait-il aussi que l'on se sente plus à l'aise, moins en compétition, moins jugé, de manger en présence d'une personne qui nous ressemble physiquement? Le proverbe «Qui se ressemble s'assemble» a bien du sens dans ce contexte.

On sait encore peu de choses sur les réactions de la gent masculine dans l'effet caméléon. Cependant, on a fait des découvertes fascinantes concernant ce qui se passe lorsque nous nous mettons à table avec une personne du sexe opposé.

MON AMOUR, DIS-MOI...

Faire bonne impression à table prend une tournure inattendue lorsqu'on se trouve en présence d'une personne de l'autre sexe. Des sujets masculins et féminins ont été étudiés à l'occasion de goûters galants. Dans un des scénarios, les hommes étaient présentés comme désirables pour la gent féminine et, dans l'autre, ils étaient perçus comme indésirables. Résultat: en présence d'un homme désirable, les femmes ont mangé beaucoup moins qu'en présence d'un homme non désirable. Quant aux hommes, ils n'ont pas mangé plus ni moins lorsqu'ils étaient en présence d'une femme désirable ou d'une femme non désirable. Par contre, une autre étude a montré que des hommes étaient aussi sensibles au pouvoir d'attraction de la gent féminine, car ils ont mangé moins en présence d'une femme désirable. On peut voir dans ces résultats une façon subtile de refléter une certaine image de la féminité qu'on associe à la fragilité (le sexe faible!), à l'appétit d'oiseau et, donc, à la minceur. Il semble que les hommes pourraient aussi adopter une attitude semblable à celle des femmes pour se rendre désirables, mais c'est moins certain. Malheureusement, les études n'ont pas révélé si les comportements alimentaires adoptés en présence d'une personne de sexe opposé avaient connu des suites heureuses.

DIS-MOI CE QUE TU VOIS...

La vue d'un aliment ou d'une boisson suffit à nous faire saliver et à nous donner l'envie de les ingurgiter. L'activité de notre cerveau est en partie responsable de ce désir, car voir un aliment dans une vitrine, en photo dans une revue ou sur un camion qui passe, ou même seulement imaginer un aliment, stimule la production de molécules cérébrales associées au plaisir. Et qui dit plaisir dit tentation...

Les menus illustrés, les plats exposés dans les restaurants, les images alléchantes dans les magazines, les panneaux le long de la route, les annonces publicitaires de nourriture à la télévision, sans parler des émissions de cuisine, tout est en place pour mettre nos sens et notre cerveau en appétit! Plus les aliments sont accessibles, plus on mange. On consomme plus de vin si la bouteille est sur la table plutôt que sur le comptoir du bar, plus d'eau si le pichet est sur la table, plus de lait à la cafétéria si la distributrice est à proximité, plus de repas rapides si le restaurant-minute est tout près. L'homme est un animal paresseux... Et nous vivons dans une société à la mesure de ce que nous sommes.

La porno alimentaire

Vous connaissez la cuisine virile? Il n'est pas question ici de manger comme un homme (un vrai) ni des prouesses de l'*Homo quebecus* devant son barbecue. C'est plus subtil et assez nouveau comme phénomène. Examinez attentivement les couvertures de livres de recettes récents et vous comprendrez tout. Sinon, voici quelques indices. L'homme a une belle gueule; s'il a un sourire craquant, il l'arbore, sinon on a droit à sa moue la plus irrésistible; il met en valeur son corps avec un t-shirt serré, ou alors il cache ce qui est moins sexy au moyen d'une chemise entrouverte juste ce qu'il faut et il a une allure décontractée. L'arrière-plan affiche les couleurs de l'ouvrage en question. C'est généralement dans la cuisine que ça se passe. En présence d'une femme (elle est jolie) dans le tableau, on ne manque pas d'assaisonner le tout d'une bonne dose de séduction. Les nostalgiques seront conquis par les recettes des mamans et des grands-mamans des «chefs» de ce monde. L'opération séduction se poursuit avec les photos alléchantes des plats et parfois du «chef» dans des positions alimentaires variées. Fait intéressant, les livres de cuisine représentent environ le tiers des ventes en librairie. Sauf que, faute de temps, monsieur et madame Tout-le-Monde cuisinent de moins en moins. Mais, il reste toujours la télé!

Quand on ne fait pas la cuisine, on la regarde. Ici, le scénario du livre de recettes se répète avec, cette fois-ci, de l'action. Ces *peep-shows* télévisés diffusés aux heures de grande écoute mettent en vedette un beau bonhomme ou une belle fille qui ont un plaisir évident à préparer des repas sous nos yeux. Ils s'amusent comme des petits fous seuls ou avec un invité (qui appréciera le rituel verre de vin du «chef»), généralement choisi avec soin dans le milieu artistique. Ces artistes qu'on admire dans les feuilletons télévisés ou sur la scène, on adore les voir manier malhabilement le fouet et en mettre partout. Ce n'est pas grave, ce n'est pas notre cuisine. Dans le confort de notre foyer, nous fantasmons en toute quiétude devant leurs prouesses. La recette est simple, facile. Elle est juste là, écrite à l'écran, mais comme ça va vite, on la retrouve aussi sur le site Internet de l'émission. En attendant d'avoir le temps de la télécharger, on peut toujours aller au resto, commander quelque chose ou se dépanner avec un prêt-à-manger. Les supermarchés ne cessent d'agrandir les sections réservées aux plats préparés. Pourquoi s'en passer?

Le design alimentaire ne se limite pas aux présentations élégantes que s'ingénient à préparer les chefs des restaurants. Le design alimentaire, c'est aussi l'endroit où nous mangeons. Servi dans un restaurant, un repas a été jugé supérieur, tant par son goût que par sa couleur et sa texture, au même repas servi dans une cafétéria. Offert au laboratoire universitaire, il a obtenu une évaluation intermédiaire. La devanture d'un restaurant, le quartier où il se situe, le design intérieur sont autant d'attributs qui nous mettent ou non en appétit. L'addition va de pair avec l'élégance du lieu, et nous n'avons rien à y redire.

Une étude fascinante a vérifié l'effet que peut produire l'ambiance d'un restaurant. Un resto avec un décor typiquement italien, un menu écrit en italien, le drapeau du pays et des décorations pittoresques, des nappes rouge et blanc, etc., proposait un menu composé de plats italiens. L'autre restaurant, juste à côté, avait un décor neutre et proposait exactement le même menu, mais non écrit en italien. Des clients ont été invités à manger dans les deux établissements. La cuisine du restaurant décoré à l'italienne a été jugée plus typiquement italienne et les clients y ont mangé plus de desserts !

Les couleurs pourraient influer sur les humeurs, les émotions, l'attention, la température corporelle et même sur la soif et la faim. Vous le saviez? C'est donc sans surprise que vous apprendrez que la couleur est une arme redoutable sur la scène de la publicité alimentaire. Les couleurs chaudes seraient stimulantes, alors que les couleurs froides nous relaxeraient. Par exemple, le rouge serait énergisant, car il stimulerait l'activité de certaines parties du cerveau. De nombreux travaux consacrés à l'effet des couleurs sur le comportement ont été faits chez des enfants. Chez des sujets adultes, on a réussi à manipuler les sensations de chaud et de froid en fonction de la couleur des murs d'une pièce: une sensation de froid a été produite dans une pièce peinte en bleu-vert et maintenue à 15 °C; il a fallu abaisser la température ambiante à 2 °C pour que les sujets ressentent le froid dans une pièce peinte en orangé. La couleur des murs d'un restaurant sera choisie selon le type de clients qu'on compte y recevoir, par exemple des couleurs vives et pimpantes pour une jeune clientèle ainsi que pour la restauration rapide, et des couleurs plus neutres pour une clientèle plus âgée. La couleur du couvert est aussi choisie avec soin. Avec raison, car le café servi dans une cafetière bleu pâle a été jugé trop doux, alors qu'une cafetière brune rendait le même café trop fort. La couleur à privilégier pour un café parfait: le rouge. Sachez aussi que les raisins paraissent moins bleus dans une assiette bleue.

La couleur d'un aliment ou d'une boisson peut altérer la façon dont nos sens les perçoivent. Ainsi, un jus d'orange de couleur orangé intense sera considéré comme plus sucré que le même jus de couleur orangé plus pâle. Une boisson incolore ou rouge sera jugée plus désaltérante qu'une boisson verte. On a offert à des participants une glace de couleur blanche aromatisée au chocolat et une glace de couleur brune aromatisée à la vanille. La glace blanche a été identifiée comme étant la glace à la vanille et la brune, comme la glace au chocolat ! Ce ne sont que quelques exemples de ce que certains scientifiques s'ingénient à vérifier pour comprendre comment nos sens interagissent. Néanmoins, on sait bien peu de choses sur l'effet réel de la couleur sur notre consommation alimentaire. On sait toutefois que le mélange des couleurs, par exemple avec la variété d'aliments qu'on trouve dans les buffets, stimulerait notre consommation. On croit aussi que des murs de couleur chaude pourraient encourager la consommation d'aliments. De plus, la luminosité d'une pièce aurait des effets palpables...

Une pièce ou un restaurant bien éclairés auraient pour effet d'écourter le temps qu'on y demeure, surtout lorsqu'il s'agit de prendre un repas ou d'y boire un verre. La lumière intense nous active et nous fait manger et boire plus rapidement, alors que la lumière chaude et tamisée a un effet relaxant qui nous amène à prendre plus de temps pour manger et pour boire. D'où, peut-être, la forte luminosité de certains restaurants où l'on souhaite que les clients ne restent pas trop longtemps, question d'assurer le roulement de la clientèle et le profit qui s'ensuit... et l'éclairage discret d'autres endroits où le client peut prendre tout son temps pour déguster des mets et des vins choisis, sinon des consommations jusque tard dans la nuit... Quoi qu'il en soit, de nombreuses études ont démontré que l'on mange plus et que l'on consomme plus de boissons alcoolisées lorsque l'éclairage est faible. De plus, cet effet de l'éclairage sur notre consommation serait décuplé en soirée. Est-ce dû à la lumière plus faible le soir ou au fait qu'il est plus difficile de se contrôler à mesure que la journée avance ? On ne sait pas vraiment. Toutefois, on sait que la lumière vive combinée au bruit pourrait écourter la pause-repas. Quant aux effets de la lumière sur le tour de taille, les résultats sont contradictoires et la recherche piétine.

DIS-MOI CE QUE TU RESSENS ET CE QUE TU SENS...

Ressentons-nous la température ambiante au point qu'elle influe sur nos choix alimentaires? Peut-être bien. Certaines études ont montré que l'on mange plus lorsqu'on est exposé au froid que lorsqu'on est à la chaleur, mais d'autres études n'ont pas trouvé de différence notable. Il faut tout de même reconnaître que notre corps dépense plus d'énergie par temps froid et que cette dépense est souvent accompagnée d'une consommation alimentaire plus importante. Cela va de soi. Par contre, lorsqu'il fait chaud, on mangerait moins et on privilégierait les boissons plutôt que les aliments. Cela va aussi de soi, car, par temps chaud, l'hydratation du corps est fragilisée. Cependant, le chauffage et la climatisation peuvent habilement contrecarrer certains des effets de la température ambiante sur nos choix alimentaires. Quoi qu'il en soit, nous préférons généralement les plats chauds tels que la soupe par temps froid et les plats froids comme les salades lorsqu'il fait chaud. En plus de la température ambiante, celle des aliments influerait fortement sur notre perception de leur goût et de leur odeur.

Le goût et l'odeur sont intimement liés, ce qui est tout à fait normal, car la nourriture fait un passage obligé sous notre nez à chaque bouchée que nous prenons. Aussi est-il parfois difficile de dissocier le goût et l'odeur des aliments. Nous attribuons souvent au goût ce qui est en réalité produit par l'odeur d'un aliment. Le test pour s'y retrouver serait de manger avec un pince-nez. Vous pouvez aussi songer au goût parfois édulcoré des aliments lorsque vous avez le nez bouché à cause d'un rhume. Vous avez là la sensation du goût véritable des aliments sans leur odeur. Ou presque. Pour compliquer les choses, certaines odeurs peuvent accentuer le goût, par exemple une odeur sucrée augmente la sensation du goût sucré.

Les odeurs sont infiniment plus complexes que le goût et fusent de toutes parts, tant de l'endroit où l'on se trouve que du plat, ou de la boisson, qui est devant soi. Sans oublier l'odeur de la ou des personnes tout près... Notre estomac se met en branle dès que nous percevons une odeur de nourriture agréable ou familière : des sucs gastriques et des enzymes sont sécrétés. La vue d'un aliment appétissant ou même une conversation portant sur la nourriture auraient des effets similaires. Cependant, notre sensibilité aux odeurs varie dans le temps : notre très grande acuité dans la perception de l'odeur des aliments et des boissons en début de repas diminue à mesure que le repas progresse. Songez un instant au goût de la première bouchée, de la première gorgée... Nous trouvons aussi l'odeur de la nourriture plus agréable quand nous avons l'estomac vide ou que nous avons faim que lorsque notre estomac est plein. La faim aiguise les sens et rend extraordinairement agréables l'odeur et le goût (surtout pour le sucré) des aliments. Chose curieuse, cela ne se produit pas avec d'autres types d'odeurs.

Pourrait-on alors croire que les odeurs nous encouragent à manger plus ou moins ? Dans une certaine mesure, oui. On évalue plus positivement les aliments et les boissons qui ont une bonne odeur que ceux qui sentent moins bon. De plus, on a trouvé que l'odeur du pain frais titillait notre appétit pour le pain. Généralement, on passe plus de temps et on achète davantage dans une boutique où ça sent bon. À ne pas oublier non plus : il existe un lien très fort entre la mémoire et l'odorat. À la seule odeur d'un aliment, d'un endroit ou d'un parfum, des souvenirs refluent dans notre esprit. Une odeur peut nous aider à nous remémorer une expérience, un lieu, une personne. Cela n'est pas un phénomène purement anecdotique, des scientifiques ont dûment vérifié ce pouvoir des odeurs.

DIS-MOI CE QUE TU REGARDES...

C'est connu, la télévision fait grossir ! On a fait d'innombrables calculs pour le prouver. Par exemple, à l'aide du test de corrélation Pearson, des chercheurs ont trouvé qu'on mange plus lorsqu'on prend un repas assis devant la télé. D'autres tests tout aussi probants ont montré un lien entre le nombre d'heures passées devant la télé, le gras corporel et le poids, tant chez des enfants que chez des adultes. Le risque de devenir obèse s'accroît non seulement avec la télé, mais aussi avec le fait de travailler assis et de conduire une voiture. Nul besoin de disserter sur le fait que cela aurait quelque chose à voir avec une moindre activité physique associée à ces conditions. On a aussi pointé du doigt la publicité alimentaire à laquelle nous sommes exposés en regardant la télé, ou même au volant de notre voiture. Mais il y a plus. Il y a la distraction.

Regarder la télé est une activité qui peut nous distraire de ce que nous sommes en train de faire en même temps, par exemple manger. La distraction peut aussi être causée par les personnes qui nous entourent. Captivé par l'émission en cours ou par les conversations à table, on prête moins attention à ce que l'on mange, on oublie ses résolutions, son régime, et on est moins à l'écoute des signaux que le corps nous envoie. Bref, on n'a plus vraiment le contrôle. Des sujets d'une recherche auxquels on avait demandé de se concentrer sur ce qu'ils mangeaient, en évaluant le goût des aliments, ont mangé moins que des participants auxquels on n'avait donné aucune directive. Prêter attention à ce que l'on mange permettrait-il de manger moins? C'est du moins ce que pense Marion M. Hetherington, une joviale chercheuse écossaise. Au cours de ses recherches, elle en est arrivée aux conclusions suivantes: on mange plus lorsqu'on est en solo devant la télé que sans télé; assis à la même table, trois amis mangent plus que trois purs étrangers; trois amis du même sexe mangent plus chacun qu'une personne qui mange en solitaire et sans télé.

On voit bien ici que la distraction, que ce soit la télé ou la présence d'amis, peut nous inciter à manger plus. Manger avec des inconnus est certes distrayant, mais cela ne semble pas avoir d'incidence sur la quantité de nourriture qu'on ingère. Manger en présence d'inconnus serait moins distrayant que manger en compagnie d'amis: en prêtant plus attention à ce que l'on mange et à ce que l'on boit, on l'inscrit en quelque sorte dans sa mémoire et on a ainsi un meilleur contrôle sur ce que l'on ingère. La distraction a certainement un rôle à jouer dans notre comportement alimentaire en société, mais il y a encore beaucoup de zones grises.

Quant à l'effet néfaste de la télé sur notre tour de taille, il est important d'apporter quelques précisions. D'abord, l'effet délétère de la télé a aussi été associé au fait qu'on consacre moins de temps à l'activité physique (normal, on est occupé à regarder la télé!), à une plus grande consommation de collations du type de celles qu'on annonce à la télé (pourquoi pas?), à une consommation moindre de fruits et de légumes et à une consommation accrue d'aliments gras (allez donc comprendre!). Il faut aussi savoir que le choix des émissions peut avoir beaucoup d'importance. Certaines d'entre elles, comme *Who Wants To Be A Millionaire?,* devraient être bannies des salles à manger vu le risque d'ingérer près de 20% plus de calories qu'à l'habitude! Cependant, plus de travaux s'imposent pour pouvoir donner des conseils judicieux à ce propos...

DIS-MOI CE QUE TU ENTENDS...

Connaissez-vous beaucoup de restaurants où l'on n'entend pas de musique? Moi, j'en connais très peu. Vous êtes-vous déjà demandé pourquoi ce fond musical? Avant de jeter la pierre à qui que ce soit, il faut reconnaître qu'une musique d'ambiance peut masquer les bruits de la cuisine ou même la conversation à la table voisine. C'est le bon côté de la chose, du moins pour nous, simples clients.

Dans les faits, plus il y a de décibels, plus on mange et on boit, même si ces décibels sont de nature à nous stresser, voire à nous irriter. On a aussi trouvé que la musique forte pouvait augmenter la tension artérielle et les battements cardiaques. En plus des décibels, le tempo importe. Une musique lente ferait diminuer le rythme de la mastication et la vitesse à laquelle on boit. En outre, une musique d'ambiance au tempo lent nous retiendrait plus longtemps au restaurant, ce qui aurait pour effet d'alourdir l'addition. Mais, si on n'aime pas la musique, ça ne marche pas. Car on retourne à certains endroits tant pour la nourriture ou le service que pour la musique – sans vraiment en prendre conscience. Surprenant? Pas vraiment quand on consulte des publications spécialisées qui dissèquent le comportement des consommateurs pris dans différents contextes, de façon à bien planifier les stratégies de marketing. À croire que les spécialistes du marketing connaissent les gens mieux qu'ils ne se connaissent eux-mêmes!

Vous vous demandez peut-être si manger en société est relié au surplus de poids. Rassurez-vous : à ce jour, aucun lien de causalité n'a été clairement démontré. Fort heureusement.

∾

Ce soir-là, c'était décidé, je laissais tomber Maty. J'en avais fini d'attendre des coups de fil qui ne venaient pas. Et de rêvasser à des rencontres imaginaires. Qui sait, cela aurait pu me nuire. L'équilibriste de la santé mentale marche sur son fil de fer en vacillant et en regardant les trous du filet. Ce soir-là, j'avais eu la sensation, en regardant à travers les trous de mon filet, d'y voir Maty...

Un bruit, comme un cognement sur ma porte, m'a fait émerger soudainement de mes pensées. J'avais l'impression d'entendre des pas qui s'éloignaient... J'ai réalisé avec étonnement qu'il faisait nuit.

En quittant mon bureau, alors que j'introduisais la clé dans la serrure, j'ai remarqué une enveloppe entrouverte accrochée à ma porte, dont le contenu formait une bosse. En y plongeant la main, j'ai senti quelque chose de collant... J'ai immédiatement retiré ma main. Mon cœur battait à tout rompre. Que faire ? Appeler l'agent de sécurité ? Partir sans rien faire en souhaitant que la « chose » disparaisse avant mon retour ? Prenant mon courage à deux mains, j'ai palpé doucement l'extérieur de l'enveloppe. J'ai touché la bosse. Il ne s'est rien passé. Elle était même assez ferme, cette bosse. Du bout des doigts, j'ai retiré les épingles qui retenaient l'enveloppe accrochée à ma porte et je l'ai enlevée délicatement avant de la poser par terre. Il ne me restait plus qu'à l'ouvrir pour en vérifier le contenu. Courage.

Ce que j'y ai vu m'a sidérée. C'était rouge. J'ai détourné les yeux. Du sang ? J'ai regardé de nouveau. C'était rond. C'était une petite boule...

J'ai retourné la petite boule rouge devant mes yeux. Je l'ai palpée, je l'ai sentie. C'était de la cire. Je l'ai pressée. Cela a émis un son. C'était comme un son de papier froissé. Du papier ! Je suis alors revenue dans mon bureau, dont la clé était encore dans la serrure, à la recherche de ciseaux ou d'un autre objet coupant. Je me suis demandé s'il me restait de ces petits scalpels dont je me servais pour disséquer les cerveaux dans mes travaux. Je gardais en sécurité dans mon bureau la boîte d'instruments chirurgicaux contenant les pinces, les forceps et les couteaux nécessaires à la dissection fine du cerveau. J'ai retiré de son enveloppe une lame stérile que j'ai introduite dans le manche d'un scalpel.

N'étant pas certaine de l'épaisseur de la cire, j'ai pratiqué une légère incision horizontale au centre de la boule. J'ai écarté doucement les côtés avec de petits forceps. En maintenant la boule immobile à l'aide de ma main gauche, j'ai de nouveau découpé cette chair rouge et souple qui ployait et s'écartait enfin devant mes yeux. J'ai constaté avec satisfaction que je n'avais pas perdu la main ! Avoir disséqué des centaines de cerveaux pouvait être utile. Mes efforts étaient récompensés ! À l'aide d'une paire de pincettes, j'ai écarté encore un peu plus le pourtour du trou, qui m'a livré son contenu : une boulette de papier gris. Mais, me suis-je dit, cela ressemble à une mauvaise blague d'étudiant frustré ! Et qui me frustre au plus haut point, moi aussi ! Je me suis tout de même résolue à déplier le papier gris, prête à encaisser la blague jusqu'au bout. Et j'y ai lu : «Bonsoir, professeur Thibault. Je m'excuse de ne pas vous avoir téléphoné depuis deux semaines. J'en étais incapable. Je vous appelle jeudi prochain, comme d'habitude. À bientôt.»

Mon cahier   Date : _____

On mangerait davantage en compagnie d'autres convives, surtout lorsqu'on est entre amis ou en famille, que lorsqu'on est seul.

Est-ce mon cas ? Je me laisse entraîner, je mange plus, moins bien en groupe que lorsque je suis seul. Par exemple, les repas en famille... Ceux pris avec les collègues de bureau... _____

_____

J'en prends conscience... Ce que je peux faire pour y remédier... _____

_____

En présence d'une autre personne, on imiterait ce qu'elle mange pour faire bonne impression.

Est-ce mon cas ? Cela me fait-il manger trop, manger mal ? _____

_____

Regarder ce que l'on mange et ce que l'on boit, l'inscrire dans sa mémoire, serait une façon de contrôler son alimentation.

Je pourrais prêter plus attention à ce que je mange et à ce que je bois, en évitant de faire autre chose en même temps. Ce qui me fait manger distraitement : télé, et quoi d'autre ? _____

Ce que je peux faire pour y remédier... _____

_____

Une faible luminosité et une musique d'ambiance, surtout en soirée, pour-raient inciter à manger et à boire plus.
Est-ce mon cas ? _____

CHAPITRE 6

Le sucre : une drogue douce ?

Dix-neuf heures. J'étais installée à mon bureau, comme d'habitude. Sauf qu'aujourd'hui j'étais attentive, guettant non seulement la sonnerie du téléphone, mais aussi tout cognement éventuel à la porte.

Je regardais la petite boule rouge que j'avais soigneusement scindée en deux, et le papier gris encore chiffonné avec ses quelques lignes manuscrites ! Depuis cette découverte, j'avais retourné dans ma tête toutes sortes de scénarios. Si j'avais réagi au moment même où j'avais entendu ce bruit à ma porte la semaine dernière, j'aurais pu surprendre Maty. Ou quelqu'un d'autre… Rien ne prouvait que c'était Maty qui était venue glisser la boule rouge dans l'enveloppe. Peu importe la personne qui avait fait ça, elle l'avait fait discrètement, ce qui prouvait qu'elle ne souhaitait pas être surprise. Peut-être Maty jonglait-elle avec l'idée de se présenter à moi ou de me laisser un message. Dans ce cas, elle aurait frappé à ma porte. Alors qu'un messager, lui, n'aurait fait que son boulot. Mais, un messager tout de même mandaté par Maty !

Enfin, j'ai entendu quelque chose.

Mon cœur s'est arrêté.

C'était la sonnerie du téléphone.

– *Bonsoir professeur.*

– *Bonsoir Maty.*

– *Professeur, je vous remercie de votre patience et je vous prie de m'excuser pour ce qui s'est passé. Vous deviez vous demander ce qui m'était arrivé…*

– *J'ai pensé à toutes sortes de choses, Maty, mais là n'est pas l'important. Lorsque j'ai vu votre note la semaine dernière, cela m'a rassurée. Et j'ai pu quitter mon bureau…*

– *Professeur, êtes-vous en train de me dire que vous avez trouvé la note dans la soirée…*

– *Euh… Je n'allais pas vous en parler, mais j'étais bien à mon bureau à l'heure et au jour que nous avions convenus pour nos entretiens. Et c'est comme cela depuis notre dernière conversation.*

– *Ah non! Ne me dites pas ça! Vous m'attendiez?*

– *Ce n'est pas exactement ça…*

– *Mais… vous étiez là, dans votre bureau, lorsque mon message a été déposé?*

– *Absolument. Cela vous dérange? Au fait, d'où vous est venue cette idée de la petite boule rouge? C'est plutôt inusité comme enveloppe. Sans compter que vous m'avez donné la frousse avec votre boule de cire, rouge de surcroît!*

– *Vous n'aimez pas le rouge? Ce n'était vraiment pas mon intention de vous effrayer, et je vous prie de m'excuser, encore une fois. J'ai seulement pensé que c'était une façon amusante d'emprisonner un message.*

– *Et comment avez-vous fait pour sceller votre message dans la boule? J'ai dû utiliser un scalpel pour l'ouvrir sans abîmer le message. C'est bien ce que vous vouliez, non, que je le lise votre message?*

– *Eh bien, je me suis dit que vous étiez une personne astucieuse qui pourrait voir au-delà des apparences. Vous avez passé le test. Et le papier dans la boule, c'est un peu comme le secret du caramel dans la Caramilk…*

– Et si on parlait plutôt de la raison de votre appel.

– Alors là, professeur, ce que je vais vous annoncer va vous faire très plaisir!

– À ce point?!

– J'ai enfin compris pourquoi je suis grosse. Je suis une droguée du sucre!

Le sucre est-il une drogue? Sommes-nous vraiment accros au sucre? Dans les faits, quand on dit «accro», on parle de dépendance par exemple à certaines drogues, à la cigarette, à l'alcool ou au jeu. Il s'agit de substances ou de situations qui génèrent en nous un immense plaisir, soit physique, soit psychologique. Or, ce plaisir peut prendre une importance démesurée et devenir une finalité. La recherche du plaisir devient alors une obsession, en dépit des effets néfastes qui peuvent surgir des abus de drogue et d'alcool, du tabagisme ou du jeu compulsif. Mais les drogues, la cigarette, l'alcool ou le jeu, on peut vivre sans eux. On ne peut pas en dire autant du sucre… Notre penchant pour le goût sucré nous a même sauvé la vie!

LE SUCRE DANS LES GÈNES

Dès notre naissance, nous aimons le goût sucré plus que tout autre goût. On dit du goût sucré qu'il est inné ou précocement acquis. Pas étonnant dans ces conditions qu'il soit difficile de résister à la tentation des aliments sucrés! Nous serions donc prédisposés à aimer le goût sucré, mais nous n'aimons pas tous ce goût au même degré, pas vrai? Des chercheurs finlandais se sont interrogés sur la question et ont entrepris des tests rigoureux chez 146 femmes et hommes. Les participants à l'étude s'engageaient à décrire l'intensité et la sensation que suscitait l'ingestion de solutions sucrées ou salées, à révéler leur penchant pour le chocolat, les bonbons, la glace, les desserts et pâtisseries sucrés, et enfin à donner un peu de leur sang. Ces informations, banales en apparence, ont permis aux chercheurs de faire ce que personne d'autre n'avait fait auparavant: identifier dans un chromosome précis le déterminant probable de la préférence, plus ou moins marquée selon les individus, pour le goût sucré. Nous voilà rassurés : notre penchant pour le sucre s'explique enfin de façon claire et nette.

Les anthropologues, eux, expliquent notre penchant pour le goût sucré par l'évolution naturelle de notre espèce. Les aliments sucrés représentent généralement une source d'énergie et de nutriments sans danger, contrairement aux poisons, qui ont un goût amer. Nos ancêtres l'ont expérimenté pour nous il y a très longtemps, à une époque où les aliments comestibles se faisaient plutôt rares. Certains chercheurs tiennent même les singes pour responsables de notre faible pour le goût sucré ! Au fil des siècles passés dans la jungle, les singes auraient décelé que les jeunes pousses et feuilles des plantes comestibles étaient sucrées. Les sucres que contenaient ces plantes étaient les meilleures sources d'énergie qu'ils pouvaient obtenir. Pour survivre, ils auraient donc développé leur goût pour le sucré. Cela aurait perduré même si nous ne vivons plus dans les arbres…

Détrompez-vous quant à la teneur de ces propos : ils ne représentent nullement une prise de position sur l'origine de l'homme. Certains primatologues affirment haut et fort que nous ne descendons pas du singe : nous sommes des singes ! L'*Homo sapiens* que nous sommes ferait partie des espèces de grands singes qui ont survécu jusqu'à nos jours. En outre, nous partagerions le même ancêtre que les bonobos et les chimpanzés. Cela se serait passé il y a quelque cinq millions d'années. Des poussières dans la longue histoire de l'évolution !

Plus près de nous, l'*Homo erectus,* à ses débuts il y a environ 1,8 million d'années, aurait été l'ancêtre des expéditions de chasse telles que nous les connaissons aujourd'hui. L'analyse de l'émail de ses dents a révélé que son régime alimentaire variait selon les saisons et se composait principalement de fruits, de graines, d'herbes, de tubercules et d'un peu de viande. De toute évidence, il avait la dent sucrée. C'était aussi un adepte de la cuisine crue. Encore là, nous n'avons rien inventé de ce côté. L'*Homo* a dû patienter plus d'un million d'années avant de pouvoir organiser des barbecues et d'apprêter des racines ainsi que des tubercules moins filandreux. De plus, le goût sucré était accentué par la cuisson.

Notre préférence pour le goût sucré fait toujours partie de nos chromosomes, sauf que, à l'opposé de nos ancêtres, nous vivons dans un environnement pourvu d'un très large éventail d'aliments et de boissons sucrés. Et cela présente aujourd'hui plus d'inconvénients que d'avantages.

❧

— Professeur, je comprends que le goût sucré nous a peut-être sauvé la vie il y a des millions d'années, mais aujourd'hui, le sucre est devenu dangereux!

— J'ai parlé des inconvénients d'avoir trop d'aliments sucrés à notre portée, pas de dangers.

— J'ai lu sur Internet que le sucre était responsable de plusieurs maladies, de certains cancers, de l'obésité…

— Maty, il ne faut pas croire tout ce qu'on lit sur Internet… Le sucre n'est pas responsable de tous les maux! C'est d'abord un nutriment essentiel pour nourrir notre corps et notre cerveau. On ne peut pas s'en passer ou, du moins, pas très longtemps…

— Mais moi, je l'ai fait, le régime sans sucre!

— Vraiment? Et vous en parlez au passé, n'est-ce pas?

— Ouais… Ce n'est pas que je n'ai pas perdu de poids, mais à la fin, j'avais mal au cœur, j'étais toujours fatiguée et mon moral était à plat!

— Et vous en faites mention de ce régime dans le cahier dont je vous ai parlé?

— Ah oui, le cahier… J'ai commencé à remplir un petit cahier en abordant les thèmes que vous m'avez proposés, comme la liste de mes régimes avec les résultats et mes échecs!

— Qu'avez-vous inscrit pour le régime sans sucre?

— Que j'ai dû l'abandonner… comme tous les autres régimes.

— Ça n'a rien de surprenant. Personne ne peut se passer complètement de sucre, ou alors pas très longtemps. Votre régime sans

sucre ne vous faisait pas perdre que de la graisse! Il vous faisait perdre aussi de la masse musculaire, ce qui vous a leurré sur votre perte de poids.

– Comment ça?

– Le régime sans sucre vous permet de ne manger pratiquement que des protéines et des gras, ce qui force votre corps à puiser son énergie dans ses réserves de graisse et sa masse musculaire pour bien fonctionner. Vos muscles, qui pèsent sensiblement plus que vos tissus graisseux, fondent littéralement. Vous perdez aussi beaucoup d'eau. En fin de compte, cela donne la fausse impression d'avoir perdu de la graisse!

– Donc, c'est une bonne chose que j'aie arrêté ce régime. Je n'en pouvais plus, de toute façon.

– Sans compter que le régime sans sucre contient beaucoup trop de gras, ce qui pourrait occasionner des problèmes de santé cardiaque.

– Mais maintenant, le problème, c'est que je mange trop de sucre...

– J'y pense... On pourrait vérifier certaines de vos habitudes alimentaires à l'aide d'un questionnaire que j'ai utilisé dans une étude pilote portant sur les stratégies alimentaires. Il permet de mettre en place un programme individuel visant l'amaigrissement de façon durable.

– Et il parle de quoi, votre questionnaire?

– Du grignotage entre les repas, des fruits et des légumes, des heures de repas. Le questionnaire nous amène à prendre conscience de ce que l'on mange et à faire de petits changements, qui, à la longue, pourraient avoir un effet sur notre poids.

– Je veux le remplir maintenant!

– C'est difficile, Maty, car le questionnaire est un peu long. En plus, vous devez le remplir chaque semaine pendant six semaines, au même jour de la semaine, à la même heure et après vous être pesée. Je vous l'enverrai par la poste ou par courriel...

– Ce n'est pas possible pour le moment… Mais je peux vous affirmer que je mange beaucoup d'aliments sucrés et en dresser la liste maintenant.

– Le sucre se présente sous différentes formes et devrait fournir environ la moitié de notre apport en énergie alimentaire.

– La moitié ?! Je ne mange pas si sucré que ça, tout de même !

– Aussi surprenant que cela puisse paraître, tous les sucres n'ont pas un goût sucré. Par exemple, les pâtes alimentaires, le riz, le pain contiennent une forme de sucre qui n'a pas un goût sucré. Ce sucre est transformé dans notre corps et devient une source d'énergie, au même titre que les sucres qui ont un goût sucré plus prononcé.

LES SUCRES DANS NOTRE CORPS

Les sucres que contiennent nos aliments et nos boissons deviennent partie intégrante de notre corps. Qu'ils proviennent d'aliments de choix ou ordinaires, d'un repas raffiné ou non, notre corps perçoit les sucres comme des produits à assimiler. Cela commence dans la bouche, car la ligne de départ de la digestion des sucres, c'est notre bouche. Lorsque nous mastiquons, nous sécrétons de la salive qui se mélange avec l'amidon des aliments (un sucre complexe au goût peu sucré) ; la salive contient une enzyme, l'amylase, qui brise l'amidon en particules plus petites. Résultat : l'aliment mastiqué, par exemple un morceau de pain, prend alors un goût plus sucré. L'amylase a fractionné l'amidon en maltose, un sucre au goût plus sucré que celui de l'amidon. Le morceau de pain poursuit sa route vers notre estomac en passant par l'œsophage. Notre estomac sécrète un acide tellement puissant que l'amylase en est réduite à néant, ce qui interrompt complètement la digestion. Qu'importe, notre morceau de pain, ou plutôt la bouillie d'amidon et de maltose qu'il est devenu, fait son entrée dans notre petit intestin, haut lieu de la digestion des sucres.

C'est dans le petit intestin que le reste de l'amidon est enfin digéré par l'amylase, sécrétée cette fois-ci par notre pancréas. Une petite armée d'enzymes se charge de réduire le maltose et la majorité des autres sucres encore présents à leur plus simple expression – on les appelle alors les «sucres simples». Ces sucres traversent ensuite la paroi de notre petit intestin pour se retrouver dans notre sang, où ils sont libres de voyager où bon leur semble. Notre foie et nos muscles sont des lieux qu'ils affectionnent particulièrement; ils s'y transforment en glucose qui peut même y élire domicile (sous forme de glycogène). Lorsque la capacité domiciliaire maximale est atteinte, l'excès de glucose trouve refuge dans nos tissus graisseux sous forme de gras. Sachez aussi que notre petit

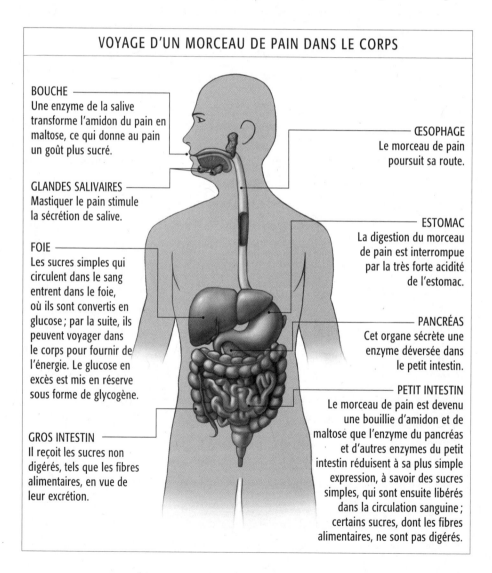

VOYAGE D'UN MORCEAU DE PAIN DANS LE CORPS

BOUCHE
Une enzyme de la salive transforme l'amidon du pain en maltose, ce qui donne au pain un goût plus sucré.

GLANDES SALIVAIRES
Mastiquer le pain stimule la sécrétion de salive.

FOIE
Les sucres simples qui circulent dans le sang entrent dans le foie, où ils sont convertis en glucose; par la suite, ils peuvent voyager dans le corps pour fournir de l'énergie. Le glucose en excès est mis en réserve sous forme de glycogène.

GROS INTESTIN
Il reçoit les sucres non digérés, tels que les fibres alimentaires, en vue de leur excrétion.

ŒSOPHAGE
Le morceau de pain poursuit sa route.

ESTOMAC
La digestion du morceau de pain est interrompue par la très forte acidité de l'estomac.

PANCRÉAS
Cet organe sécrète une enzyme déversée dans le petit intestin.

PETIT INTESTIN
Le morceau de pain est devenu une bouillie d'amidon et de maltose que l'enzyme du pancréas et d'autres enzymes du petit intestin réduisent à sa plus simple expression, à savoir des sucres simples, qui sont ensuite libérés dans la circulation sanguine; certains sucres, dont les fibres alimentaires, ne sont pas digérés.

intestin ne digère pas les fibres alimentaires, qui sont pourtant des sucres, car il ne possède pas les enzymes nécessaires. Les fibres arrivent donc intactes dans le gros intestin en vue de leur excrétion.

Revenons au foie, domicile d'une partie du glucose. Selon la demande, entre les repas par exemple, notre foie libère du glucose, qui se dirige là où on a besoin de lui et devient une source d'énergie pour nos cellules, incluant celles de notre cerveau – précisément là où se situe le caractère essentiel et abstrait de la récompense et du plaisir.

VRAI ou FAUX ?

LE SUCRE, COMPARABLE AUX DROGUES ?

Le sucre stimule notre cerveau de la même façon que le feraient l'héroïne, la morphine, la cocaïne ou l'alcool, ce qui nous encourage à manger davantage.

VRAI. Notre cerveau se nourrit, entre autres, de glucose, un sucre qu'il utilise comme source d'énergie pour fonctionner de façon harmonieuse. Un effet moins connu des aliments riches en sucres, c'est qu'ils stimulent l'activité des systèmes opiacés du cerveau, tout comme le font certaines drogues euphorisantes telles que l'héroïne et la morphine, de même que l'alcool. Cela produit ce que l'on appelle un «effet de récompense», qui nous motive à manger plus! Toutefois, le sucre est beaucoup moins fort que la cocaïne pour augmenter le taux de dopamine, une substance sécrétée dans les circuits cérébraux de la récompense: le sucre augmente de 300 à 400 fois ce taux, alors que la cocaïne lui fait faire un bond de 1000 fois et plus!

Ce qui nous fait manger

L'effet de récompense qui nous encourage à manger est connu depuis les années 1930. À cette époque, un chercheur américain du nom de Frederic Skinner a fabriqué une boîte, qui porte désormais son nom, dans laquelle un animal pouvait obtenir une récompense en appuyant sur un levier. La récompense agissait comme renforçateur et motivait l'animal à peser de plus en plus souvent sur le levier. Dans la vie de tous les jours, nous sommes inconsciemment motivés à manger par la récompense (apport en énergie, en nutriments, activité accrue des systèmes opiacés du cerveau) que nous procurent les aliments.

L'effet de récompense des aliments sucrés et le plaisir que nous ressentons agissent comme renforçateurs naturels de l'acte de manger. Les aliments sucrés deviennent ainsi l'objet du désir qui veut être satisfait. Mais rassurez-vous : l'attirance pour le sucré n'est pas nécessairement une affaire de poids, c'est avant tout une affaire de goût ! L'effet euphorisant peut être produit également par des aliments qui combinent le sucre et le gras, comme les glaces et le chocolat, ou encore qui associent le sucre, le gras et le sel, comme les chips et les noix salées.

— C'est tellement vrai, tout ça, professeur ! J'aurais dû entrer en contact avec vous bien avant. En tout cas, avant de faire le régime des groupes sanguins !

— Ne me dites pas que vous avez aussi essayé ce régime-là ?

— Ouais, pendant... pas longtemps. Le problème, c'était mon groupe sanguin.

— J'ai vaguement entendu parler de ce régime, mais je ne le connais pas en détail... Quel était votre problème de groupe sanguin ?

— J'appartiens malheureusement au groupe B ! Vous savez, le groupe sanguin qui serait apparu au moment où nos ancêtres sont devenus nomades.

– Là, c'est vous qui m'apprenez quelque chose.

– Donc, nos ancêtres nomades se déplaçaient beaucoup et il paraît qu'ils mangeaient des légumes, des œufs, de la viande et des laitages.

– Et alors, le régime ?

– C'est ça, le régime. Je devais manger comme les nomades ! Et en plus faire de la marche et nager, comme eux le faisaient.

– Maty, ce n'est pas sérieux...

– C'est ce que j'ai essayé de faire, mais je n'aime ni la marche, ni la natation, et j'adore le poulet aux arachides.

– Où est le problème avec le poulet aux arachides ?

– C'est interdit pour le groupe B. Tout comme les lentilles et le maïs. Mais le pire, c'est la glace : interdite pour tous les groupes sanguins. Je n'ai pu résister longtemps... Et moi qui avais pensé trouver un vrai régime pour ma personnalité...

– Le régime des groupes sanguins n'a malheureusement pas de fondement scientifique sérieux. Et pour la perte de poids, rien n'est moins sûr... Mais la personnalité, elle, a peut-être quelque chose à voir dans nos habitudes alimentaires.

LE GOÛT SUCRÉ, UNE AFFAIRE DE PERSONNALITÉ ?

Le «goût pour le sucré» est bien connu et relativement bien compris sur les plans anthropologique, chromosomique et physiologique. Sachez aussi que certains psychologues de la nutrition s'en sont mêlés et affirment que le goût pour le sucré serait d'abord question de personnalité ! L'idée n'est pas nouvelle : «Dis-moi ce que tu manges, je te dirai ce que tu es», écrivait le gastronome français Brillat-Savarin en 1882.

Des chercheurs anglais ont trouvé que des individus de poids normal avides de nouveauté avaient une forte préférence pour le goût salé, tandis que ceux qui recherchaient le plaisir préféraient le goût sucré. Une équipe suédoise a constaté que des sujets obèses névrosés, qui manquaient d'assurance et se sentaient aigris, préféraient le goût sucré. Une étude américaine rapporte pour sa part que de jeunes universitaires extravertis préféraient une limonade plus sucrée comparativement aux étudiants plus réservés, alors que ceux qui se sentaient confiants en leur santé préféraient un bouillon moins salé que ceux qui avaient peu confiance ou qui sentaient que d'autres contrôlaient leur santé.

Difficile de tirer une conclusion précise de ces «découvertes». Il faudra attendre d'autres travaux pour établir des généralités et les traduire en applications pratiques pour la régulation du poids. La motivation pour faire ce genre d'étude est légitime, car on pourrait ainsi associer des traits de personnalité à des préférences de goûts, qui à leur tour pourraient expliquer l'obésité. Le surpoids et l'obésité deviendraient donc une histoire de personnalité. Et peut-être aussi une histoire de dépendance...

ALIMENT OU DROGUE?

Il existe des ressemblances frappantes entre les effets de certaines drogues et ceux de certains aliments sur la chimie du cerveau. On a vu que le sucre pouvait avoir un effet euphorisant, tout comme certaines drogues. Plus un individu consomme une drogue, plus il en a besoin; c'est ce que l'on appelle le «phénomène d'accoutumance». En d'autres mots, l'organisme s'habitue peu à peu à l'effet de la drogue et a besoin d'une dose de plus en plus grande pour ressentir l'effet initial. Réagissons-nous de la même façon vis-à-vis des aliments? Voyons d'abord comment nous réagissons au goût sucré.

Le goût d'un aliment sucré devient de moins en moins agréable à mesure que l'on mange. La diminution du plaisir initial serait un signal pour arrêter de manger. Voici ce qui se produit en réalité: à mesure que notre petit intestin (duodénum) reçoit du sucre (glucose), les signaux envoyés au cerveau diminuent progressivement et le plaisir s'atténue peu à peu jusqu'à disparaître. Ce phénomène a été appelé «alliesthésie», de *allios*, qui signifie «changement», et *esthesia*, qui veut dire «sensation». Donc, le goût sucré peut être agréable ou désagréable, selon l'état interne de notre corps. Et ce plaisir est renouvelable! C'est bien différent des drogues auxquelles on s'accoutume.

L'alliesthésie pour le goût sucré a été testée chez des sujets obèses avant et après une perte de poids, avec des résultats étonnants. Le goût sucré demeurait agréable plus longtemps chez les sujets obèses testés avant la perte de poids. Autrement dit, les sujets devaient être exposés au goût sucré plus longtemps avant que celui-ci devienne moins agréable. La sensation de plaisir était donc prolongée, ce qui encourageait les participants à manger. Après une perte de poids, le changement de sensation produit par le goût sucré revenait à la normale : le goût sucré devenait moins agréable plus rapidement, ce qui pouvait aider les sujets à arrêter de manger.

Selon cette étude, les personnes obèses auraient une plus grande «tolérance» au goût sucré, car le plaisir que ce goût engendre mettrait plus de temps à s'estomper chez elles que chez les individus de poids normal. Toutefois, il n'a pas été prouvé qu'il s'agissait d'une accoutumance. En revanche, l'accoutumance à certaines drogues s'accompagnerait d'un penchant pour les aliments sucrés. Des recherches ont montré que les consommateurs de drogues dures avaient un penchant pour les gâteaux, les friandises et les boissons gazeuses. Bref, ils aimaient manger sucré !

On a tenté d'expliquer ce goût pour le sucre en se basant sur la théorie de Freud : ce serait la résultante d'une personnalité infantile ayant un besoin constant d'être rassurée. Le sucre, grâce à ses effets relaxants et légèrement sédatifs, comblerait ce besoin. Il pourrait aussi aider à diminuer le stress lié à l'état de manque. Les systèmes opiacés devenant moins performants chez les consommateurs de drogues dures, le fait de manger sucré pourrait les aider à augmenter la production de substances opiacées dans leur cerveau.

Le sucre sous toutes ses formes

Quand on dit «sucre», on doit d'abord penser aux sucres que les plantes mettent en réserve dans leurs graines, leurs racines, leurs tiges et leurs fruits. Ainsi, nous consommons naturellement du sucre en mangeant des produits céréaliers, des légumineuses, des fruits et des légumes tels que les carottes, les pommes de terre et les betteraves. Ensuite, il y a le sucre que nous ajoutons à nos aliments et à nos boissons, comme le sucre blanc, la cassonade, la mélasse, le miel et le sirop d'érable. Enfin, le sucre peut être moins visible mais tout aussi présent : il a été ajouté par l'industrie alimentaire à plusieurs aliments et boissons que nous consommons régulièrement. Fait intéressant : il n'y aurait pas de lien entre la forme de sucre consommé et l'obésité.

LES FRIANDISES DE LA CAISSE ENREGISTREUSE

Pourquoi sont-ils là, les bonbons, les gommes à mâcher et les chocolats, immanquablement, lorsque vous vous approchez de la caisse pour régler vos achats ? Ils vous fixent avec insistance alors que vous faites la queue. Mais, il y a pire : vos enfants aussi les fixent…

Sachez qu'il n'y a pas que vous (qui lisez ce livre) et les scientifiques de la nutrition qui connaissez la disposition naturelle de l'humain pour les aliments sucrés. Le marketing alimentaire utilise cette information de plusieurs façons, qui se révèlent très lucratives. À preuve : les ventes d'aliments riches en sucres et en gras connaissent une forte croissance et engendrent d'excellents profits. Nous soumettre à la tentation des friandises du comptoir-caisse fait partie de la formule gagnante. C'est bien connu, nous avons des limites assez précises dans notre capacité à résister à la vue de certains aliments. Et ces limites fondent comme neige au soleil lorsque nos enfants nous accompagnent. La fatigue engendrée par l'effort nécessaire pour résister à la tentation a fait l'objet de très sérieux travaux en psychologie sociale, dont certains puisent encore une fois leur inspiration chez Freud. C'est sans compter le stress qui nous envahit alors et qui, paradoxalement, pourrait être apaisé par les friandises offertes sous nos yeux…

STRESS ET CHOCOLAT FONT BON MÉNAGE

Le stress, cette réaction aux conséquences plus ou moins heureuses selon les circonstances, c'est ce qui a permis aux humains, aux animaux, et même aux végétaux de survivre sur cette planète depuis des millions d'années. Qu'on l'aime ou non, le stress fait partie de la vie. Sans stress, c'est la mort. À vous de choisir! Cela dit, le stress en a gros sur le cœur. Et avec raison.

Depuis plusieurs décennies, la communauté scientifique se penche régulièrement sur les effets du stress à titre de bête noire accusée de tous les maux. Prenez par exemple un article publié en 2010 dans le journal *Appetite*. Les auteurs y présentaient les résultats de leur étude au cours de laquelle des rats, femelles et mâles, avaient été retenus captifs dans un petit tube contenant une ouverture permettant à l'air de passer (pour nous, humains, toutes proportions gardées, ce serait l'équivalent d'un habitacle de la grosseur d'une voiture Smart, avec une vitre ouverte), pendant environ une heure par jour, cinq jours par semaine. Ce traitement a produit chez ces petites bêtes un état de stress chronique, de la même façon que chez des automobilistes se rendant au travail dans la région de Montréal. Et on dira que la recherche fondamentale manque de réalisme... Or, ces conditions expérimentales ont montré que les rats femelles étaient plus sensibles à ce stress, mais que manger du chocolat Neugebauer (très populaire chez les rats de laboratoire) contrecarrait leur anxiété. Les vertus réconfortantes du chocolat ne se limiteraient donc pas à notre espèce...

LES AUTRES GOÛTS

Le plaisir de manger renouvelé repas après repas, jour après jour, année après année... ne se limite pas au goût sucré. Tous les goûts partagent ce pouvoir. Un goût particulier, que ce soit le goût salé ou l'amertume, peut devenir moins agréable avec le temps, mais nos papilles sont ravivées et notre cerveau réagit de nouveau lorsqu'on mange un aliment d'un goût différent. Voilà pourquoi nous aimons la variété. Le goût des aliments devient donc moins agréable à mesure que nous les mangeons. Nous aurions développé cette façon de réagir au cours de notre évolution, encore pour une question de survie : plus nous sélectionnons des aliments variés, plus l'éventail de nutriments que nous ingérons s'élargit.

Le hic, c'est que la variété nous fait manger plus, mais trop ! Des chercheurs américains ont trouvé que des sujets mangeaient 23 % de plus de yogourts servis dans trois saveurs, plutôt qu'en une seule saveur. On peut aussi manger plus d'aliments légèrement différents, même s'ils ont un goût identique. C'est du moins ce qu'indique une étude utilisant des friandises chocolatées de même goût, mais de couleurs différentes : les sujets ont mangé 40 % plus de friandises présentées en 10 couleurs que les mêmes friandises offertes en 7 couleurs. Un goût, une couleur deviennent moins agréables avec le temps ; cela nous porterait vers la variété. On devrait donc restreindre la variété des aliments qu'on souhaite consommer moins et augmenter celle des aliments qu'on désire manger davantage.

Ces résultats nous aident à comprendre pourquoi on a presque toujours de la place pour le dessert et pourquoi on mange davantage lorsque les aliments offerts sont très variés, comme dans un buffet où l'on mange à volonté ! On peut aussi saisir pourquoi il est plus facile de perdre du poids en suivant un régime monotone de soupe au chou qu'en adoptant un régime varié.

TENTATION, QUAND TU NOUS TIENS...

Vous arrive-t-il d'entretenir une relation conflictuelle avec la nourriture, teintée de culpabilité lorsque vous mangez des croustilles, une pâtisserie, du poulet frit ? Votre volonté de bien vous nourrir s'évapore-t-elle à la vue de friandises chocolatées, à l'odeur des frites ou juste à penser à leur texture croustillante ? Le stress vous incite-t-il à manger des aliments réconfortants, souvent sucrés et gras comme le chocolat, les glaces, les biscuits ? Rassurez-vous, vous êtes tout à fait normal ! Le chocolat serait l'aliment le plus réconfortant ! Il est même prouvé que les aliments sucrés et gras ont le pouvoir de diminuer la réponse au stress. Tout s'explique : je suis stressé, donc je mange du chocolat et cela me réconforte. Sauf que...

La façon dont notre corps et notre cerveau réagissent aux aliments «réconfortants» n'est pas simple. Ces aliments ont, bien entendu, un effet positif sur nous lorsque nous vivons un stress, mais cet effet n'est pas nécessairement euphorisant, comme on veut bien nous le faire croire. Il est vrai que notre cerveau répond au sucre en sécrétant des substances nous procurant bonne humeur et bien-être, mais cet effet est de courte durée lorsque le sucre est mélangé aux graisses ou même aux protéines. La sensation de bien-être que nous ressentons après avoir ingéré certains aliments n'est peut-être qu'une histoire de pur plaisir… Que l'on soit heureux ou malheureux, la quête du plaisir demeure. Et le plaisir associé à la nourriture, l'amour de la nourriture, est unique. Il n'y aurait pas d'amour plus sincère que celui qu'on porte à la nourriture…

Certains croient que le plaisir des sens que l'on recherche sans répit dans la nourriture aurait des effets pervers et nous reléguerait au rang de l'animal. N'oublions pas que le plaisir a été condamné par nombre de théologiens au nom de la vertu. La gourmandise n'est-elle pas un péché capital? Paradoxalement, le cappuccino est l'œuvre d'un frère capucin italien, alors que nombre de bons vins et de fromages fins ont vu le jour dans des monastères ou dans des résidences papales. La quête spirituelle et l'appel de Dieu ont souvent guidé leurs adeptes vers les chemins de la cuisine!

L'ÉPICURIEN EN NOUS

L'épicurien en nous transcende les interdictions d'ordre moral et nous réconcilie avec le plaisir procuré par la nourriture. Plaisirs coupables, recettes cochonnes et plats diaboliques remplissent bon nombre de livres à succès et figurent sur les menus des restaurants branchés. Le plaisir serait même utile, voire essentiel à notre survie. Plusieurs grands penseurs, tel Aristote, ne concevaient pas la vie sans le plaisir. Épicure lui-même élevait les plaisirs sensoriels au rang du bonheur. De nombreux autres philosophes, penseurs libres, analystes, romanciers ont entretenu le culte du plaisir dans leurs écrits. Dans *Réflexions du suralimenté*, de Woody Allen, les kilos en trop envoient de toutes leurs forces un message au monde : la suralimentation est la quête du divin, car Dieu est partout, même dans les biscuits, et maigrir pourrait être la pire des folies, car il se peut que l'on perde ses meilleurs kilos !

Michel Cabanac, chercheur et professeur à l'Université Laval de Québec, partage l'idée de l'importance universelle du plaisir. Ses travaux sur le plaisir, le goût et le coût des aliments sont fort révélateurs. Ses collaborateurs et lui ont mesuré le plaisir éprouvé à manger des sandwichs par rapport à leur coût. Lors d'une première séance, les participants de l'étude ont noté leur appréciation du plaisir ou du déplaisir associés à de petits sandwichs. Ensuite, on a attribué un prix aux sandwichs en fonction de l'appréciation par les sujets (le prix croissait en fonction du plaisir ressenti), puis on a invité les participants à choisir les sandwichs qu'ils voulaient consommer : ils devaient payer un prix plus élevé pour les sandwichs liés au plaisir et avaient une remise en argent pour les sandwichs moins agréables. Ils ont choisi les sandwichs de façon à maximiser le plaisir, en ajustant à la fois plaisir gustatif et avantage financier.

∾

La séance tirant à sa fin, j'ai tenté de nouveau de trouver un moyen d'acheminer à Maty mon questionnaire sur les habitudes alimentaires. Et, de nouveau, elle s'est défilée. On en reparlera dans une semaine.

Mon cahier   Date : _____

Les aliments et les boissons sucrés dont je raffole... _____

_____

Je les consomme aux heures des repas... aux collations... en soirée...
Est-ce trop ? _____

_____

Une solution pour manger moins d'un aliment ou d'une boisson sucrée serait de...

_____

Le goût d'un aliment sucré devient de moins en moins agréable à mesure
que l'on mange. La diminution du plaisir initial serait un signal pour arrêter
de manger.

Je prête attention à la sensation que me procure un aliment ou une boisson
sucrée... _____

_____

CHAPITRE 7

Les formats « économiques »

J'ai eu tout à coup une idée lumineuse! J'allais suggérer à Maty
de laisser le questionnaire sur les habitudes alimentaires dans
une enveloppe à ma porte. Elle (ou quelqu'un d'autre) viendrait
le chercher, elle le remplirait et je le retrouverais dans l'enveloppe.
Pourquoi n'y avais-je pas pensé avant? Vivement que le téléphone
sonne!

19 h 15, le calme plat...

Maty a-t-elle eu un contretemps? À moins que...

J'ai vérifié la ligne téléphonique. Normale.

J'ai vérifié la date et l'heure de notre séance dans mon agenda.
Exactes.

Je me suis impatientée. Une fois de plus...

J'ai cherché quelque chose à faire pour m'occuper l'esprit.

Le dernier numéro du Journal of Marketing *traînait sur mon*
bureau. On y parlait des stratégies à adopter pour vendre sa
salade...

Il y a quelques décennies, des compagnies manufacturières américaines
ont commencé à offrir des produits, tels que le savon à lessive, en format
plus gros que le format habituel. La raison? Accroître leurs profits. À

première vue, cela ne semble pas évident, car le coût de production ne varie pas nécessairement en fonction du format de vente proposé. En théorie, les profits réalisés sur la vente d'un petit ou d'un gros format de savon à lessive seraient les mêmes. De surcroît, les gros formats étaient vendus à prix d'aubaine, offrant plus pour moins, d'où l'appellation «format économique». Donc, tout porte à croire que ces compagnies ne pouvaient trouver leur compte en offrant le savon en gros format et à bon prix. En pratique, c'est une autre histoire, ces règles mathématiques n'ayant plus aucune valeur quand entre en scène... le consommateur. Et ce consommateur, c'est vous et moi!

Les compagnies manufacturières de produits, toutes sortes de produits confondues, qu'il s'agisse de shampoing à la camomille ou de croustilles au vinaigre, engagent plusieurs types d'employés, par exemple les cadres, le personnel de soutien ou les employés affectés à la production et à la distribution des produits. Mais il existe une autre catégorie d'employés, moins connue celle-là; elle est composée des psychologues, des sociologues et des scientifiques, entre autres, qui ont pour mission d'étudier et de prédire le comportement du consommateur à l'égard de leurs produits. C'est précisément ce qui a permis de trouver les arguments convaincants pour la mise en marché des formats économiques. Et cette tactique a véritablement le pouvoir d'augmenter les profits de façon substantielle. Voici comment.

Les profits réalisés sur la vente des formats économiques de savon à lessive seraient supérieurs à ceux obtenus avec la vente d'un format moyen ou petit. Pourquoi cela? Pour la simple raison que madame et monsieur Tout-le-Monde utilisent une plus grande quantité de savon à lessive lorsqu'ils le prennent dans un gros contenant. Avec pour effet de mousser les ventes! Cette constatation a été rigoureusement vérifiée dans des études scientifiques très sérieuses. Exit les travaux pour scruter comment nous *choisissons* nos produits de consommation, l'aire est maintenant à comment nous les *utilisons*!

Des études scientifiques menées dans des laveries ont montré que les individus qui avaient à leur disposition un gros contenant de savon à lessive en utilisaient significativement plus que ceux qui avaient un plus petit contenant. Elles ont montré aussi que ces personnes en étaient conscientes. Les participants utilisaient également de plus grandes quantités d'huile, de spaghettis, d'eau embouteillée (mais pas d'eau du robinet!?) ou de boissons gazeuses lorsqu'ils les prenaient d'un contenant plus gros. On a refait ces expériences avec des gros contenants à moitié pleins (avec le même volume restant que celui de petits contenants) pour en arriver au même résultat: on consomme davantage d'un produit quand on le prend dans un gros contenant que quand on le prend dans un plus petit. C'est le contenant, et non le contenu restant, qui est important.

Et cela va plus loin: à grosseur de contenants égale, des sujets ont utilisé de plus grandes quantités d'un produit en solde comparativement au même produit acheté au prix courant! On a aussi déterminé le format optimal d'un produit, c'est-à-dire le format qui favoriserait la plus grande utilisation. Car il semblerait qu'il y ait un point de saturation au-delà duquel la grosseur d'un format pourrait avoir un effet «négatif» sur l'utilisation d'un produit (on en utilise moins!).

Plusieurs autres «stratégies» peuvent avoir un effet positif sur la vente et l'utilisation des produits. Pensez aux «2 pour 1» ou aux «achetez-en 1 et obtenez le 2e gratuitement», ou encore à ces pourcentages de réduction ou à l'argent épargné écrits bien en vue sur l'emballage de certains produits. Ces tactiques renforceraient notre perception que ces produits sont moins chers, nous motivant non seulement à les acheter, mais aussi à en utiliser plus. Finalement, tout le monde y trouve son compte: le consommateur est satisfait et les ventes augmentent!

QUE SE PASSE-T-IL RÉELLEMENT?

Les raisons de notre plus grande utilisation d'un produit vendu en format économique ou à rabais sont nombreuses. Ainsi, la peur d'être à court de réserves s'amenuiserait à la vue d'un gros format sur l'étagère, et, puisque son coût de remplacement est moindre, on porterait moins attention à notre façon de nous en servir. De plus, il semblerait que 70% des gens utilisent des quantités différentes (supérieures en général) de nettoyants domestiques que celles recommandées sur l'emballage. On a aussi invoqué des raisons telles que la difficulté de manipuler les gros formats, ce qui pourrait accroître les risques d'en verser trop, et le fait que l'on se presse de vider les gros formats pour s'en débarrasser au plus vite parce qu'ils prennent beaucoup d'espace. Les petits formats sont plus faciles à manipuler, mais il faut les remplacer plus vite et donc faire l'effort d'aller au marché plus souvent, ce qui les rendrait plus «précieux» et limiterait notre utilisation.

Un parfum, une fleur, une pierre considérés comme rares n'en deviennent-ils pas plus précieux? Plus désirables aussi? On les traite avec soin, on les convoite, on les protège. On utilise parcimonieusement le caviar en petit pot, le foie gras, la gousse de vanille, les brins de safran ou la truffe, car ils sont plus rares et, par conséquent, plus chers que les autres aliments. Les petits pots de crème aussi… Il semble que la rareté d'un aliment, d'un objet, d'un bien en décuple l'importance. On serait également disposé à payer plus pour un produit spécialisé même (et peut-être surtout) s'il est de petit format. Il prend ainsi toute sa valeur à nos yeux, et nous situe dans une classe à part vis-à-vis des autres. De plus, la grosseur des logos sur certains sacs à main de luxe serait inversement proportionnelle au prix de vente. Allez comprendre!

Ne voyez pas le marketing alimentaire comme une science diabolique dont le dessein est de faire brûler dans ses flammes l'argent du consommateur. Le marketing est une discipline utilisée dans pratiquement tous les domaines qui touchent à l'économie, parfois de façon très visible, comme c'est le cas pour l'alimentation. Et, que nous le voulions ou pas, nous faisons tous partie de ce grand laboratoire qui s'appelle «la société». Seules quelques rares personnes vivent recluses dans les montagnes, dans des grottes ou dans des lieux reculés où les tentacules du marketing ne se sont pas encore étendus. C'est donc dans le laboratoire de notre société regorgeant de cobayes volontaires qu'on a étudié les goûts, les préférences, les habitudes, les rêves des consommateurs que nous sommes. Et c'est grâce à ces précieux renseignements qu'on a pu mettre au point des produits qui répondent fidèlement à nos désirs. On a aussi élaboré des stratégies pour attirer et satisfaire les consommateurs. Les aliments « allégés », « bon choix », « bio » pour qui est soucieux de sa santé, la cuisine « maison » pour qui veut être réconforté, les emballages recyclables, les produits « verts » pour qui est soucieux de l'environnement, les coupons de réduction pour qui est soucieux de son portefeuille… Tout le monde y trouve son compte! Alors de quoi nous plaignons-nous exactement?

Les produits « minceur »

Les rayons des supermarchés regorgent de produits associés à la minceur. Ce type de promotion peut parfois prêter à confusion. Songeons aux produits Silhouette et à l'eau « minceur » (!). Méfions-nous aussi de certains produits portant la mention « Pensez mince ». L'examen physique approfondi d'un pain « Pensez mince » et de son emballage a montré qu'il ne faut pas se fier aux apparences : le poids d'une tranche et sa valeur calorique étaient en tout point pareils à ceux d'une tranche de pain ordinaire !

DES FORMATS ÉCONOMIQUES AUX GROSSES PORTIONS

La production des formats économiques aux États-Unis s'est étendue des nettoyants domestiques à certains produits alimentaires comme le riz et les pâtes. Puis ce sont les boissons gazeuses, les aliments en conserve, les aliments frais emballés et les aliments préparés qu'on a présentés en plus d'un format : petit, moyen, gros, économique. La restauration rapide a vite emboîté le pas en offrant les frites et les boissons gazeuses en format géant, le tout accompagnant un gros hamburger dans une formule « combo » à meilleur prix que celui de ces aliments vendus en plus petit format et achetés séparément. Cette réalité est aussi devenue celle d'autres pays tels que le Canada et certains États d'Europe.

Si seulement la popularité des formats économiques ne se limitait qu'aux produits domestiques (malgré l'impact environnemental non négligeable de cette pratique)! Mais les aliments et les boissons sont aussi soumis à la même « loi de l'utilisation » que celle des savons à lessive, sauf que, pour les aliments et les boissons, utilisation = ingestion! Il n'en fallait pas plus pour que les scientifiques de la nutrition tiennent la grosseur des portions servies dans les restaurants, les cafétérias ou des plats rapportés à la maison pour responsable de l'incidence accrue du surplus de poids. On reconnaît que l'arrivée des grosses portions d'aliments et de boissons sur le marché coïncide avec le recensement de l'augmentation du surpoids et de l'obésité aux États-Unis. Mais, pour traîner la nutrition au banc des accusés, il fallait fournir des preuves autres qu'une simple coïncidence. C'est ce que des chercheurs se sont appliqués à faire. Voici ce qu'ils ont trouvé.

NE VIDE PAS TON ASSIETTE...

Triste constat : aujourd'hui, vider notre assiette pourrait nous faire plus de tort que de bien. Elle est révolue l'époque où notre maman nous demandait de vider notre assiette pour avoir droit au dessert. Pourtant, cette dernière avait de bonnes raisons, tant économiques qu'alimentaires, de parler ainsi, car le plat principal contenait, en général, de meilleurs nutriments que le dessert, et c'est encore le cas de nos jours. Dans certaines cultures, laisser un peu de nourriture dans l'assiette est signe de bienséance. Se servir peu et ne pas se resservir peuvent aussi faire partie de l'étiquette.

Il n'en reste pas moins que nous vidons spontanément le contenu de notre assiette et de notre verre. De plus, nous mangeons selon des unités : un bol de céréales, une assiette de pâtes, un verre de jus, un sandwich, une poignée de noix, un biscuit, un sac de croustilles, une boisson gazeuse. Ce comportement alimentaire qui nous est propre a maintenant cours dans un environnement où la grosseur des portions d'aliments offerts sur le marché et dans les restaurants a augmenté avec le temps. Tout comme on l'a fait pour le format des détersifs et des shampoings. Le bol, l'assiette, le verre dans lesquels on nous sert, le sandwich, le sac de croustilles, la cannette de boisson gazeuse sont plus gros qu'avant et, en bons enfants, nous en vidons le contenu...

Comme pour le détersif, nous consommons plus d'aliments et de boissons lorsqu'ils sont servis en grosses portions. Cela a été dûment vérifié dans le cadre de plusieurs recherches. Par exemple, dans une cafétéria, des participants à une étude ont mangé 43 % plus de pâtes alimentaires lorsqu'elles étaient servies en grosse portion (377 g) que lorsqu'elles étaient servies en portion normale (248 g). Malgré cela, les personnes à qui on avait servi la grosse portion ont affirmé ne pas avoir mangé plus que la normale ; c'est donc dire qu'elles n'avaient pas conscience de leur surconsommation. D'autres personnes à qui l'on a offert des portions d'aliments 25 % ou 50 % plus grosses que ce qu'elles consommaient habituellement ont vidé leur assiette ! Tant les femmes que les hommes ont ingéré 46 % plus de calories avec des sandwichs de 30 cm qu'avec des sandwichs de 20 cm. De plus, on n'a pas été en mesure de déceler de différence entre les sensations de faim ou de satiété des sujets qui ont mangé les gros et les petits sandwichs.

Et les enfants dans tout ça ?

Étonnamment, les effets de la grosseur des portions sur la consommation alimentaire des enfants sont relativement peu documentés à l'heure actuelle. Au cours d'une recherche, on a observé que des enfants de quatre à cinq ans à qui on offrait une plus grosse portion de macaronis au fromage en mangeaient 60 % de plus que ceux qui avaient une portion normale ; bien que ces chercheurs en ignorent la raison exacte, cet effet ne s'est pas produit chez de très jeunes enfants de deux à trois ans. Par contre, dans des groupes d'enfants âgés de deux à six ans, d'autres chercheurs n'ont pas observé de surconsommation d'aliments servis en grosses portions. Fait intéressant, laisser les enfants se servir eux-mêmes pourrait grandement aider à contrer les effets néfastes des grosses portions. À preuve, des enfants ont mangé environ 25 % moins de nourriture lorsqu'ils se servaient seuls que lorsqu'on leur servait une grosse portion. On a aussi constaté que des enfants qui avaient tendance à manger plus que les autres mangeaient moins lorsqu'ils se servaient eux-mêmes. Cependant, des travaux semblables chez des adultes n'ont pas donné de résultats concluants. Il semble donc que, lorsque nous étions enfants, nous possédions cette «intelligence du corps» qui permet de juger la quantité d'aliments qui nous convient. Il semble aussi que nous sommes devenus moins perspicaces en vieillissant…

On pourrait croire que la surconsommation d'aliments lors d'un repas n'est qu'un fait isolé et que nous compensons par une consommation moindre au repas suivant. Ce ne serait malheureusement pas le cas, et cela, peu importe l'âge. Par exemple, chez des sujets adultes, avec une collation de croustilles, dont la consommation augmentait en fonction de la grosseur de la portion, on n'a pas vu d'ajustement au repas suivant pour compenser les calories en plus. Et même à plus long terme, sur des périodes allant de 24 heures à 11 jours, tant des adultes que des enfants n'ont pas compensé les calories ingérées en trop par de grosses portions d'aliments et du coup ont vu s'accroître leur apport calorique journalier.

Par ailleurs, en étudiant comment les pensées pouvaient affecter les sensations de faim et de rassasiement, on a trouvé que le pouvoir de notre esprit pouvait nous mener très loin! À la pensée d'avoir mangé moins que la normale, des participants à une recherche ont déclaré avoir faim; d'autres, croyant qu'ils avaient trop mangé, se sont dits rassasiés. Dans une autre étude, des personnes à qui l'on avait fait croire qu'une boisson contenait beaucoup ou peu de calories, selon les cas, ont présenté une réponse physiologique de rassasiement en relation directe avec leur perception. Or, il s'agissait en fait de la même boisson avec la même quantité de calories! Cela porte à réfléchir sur les réactions inconscientes que peuvent susciter les mentions «santé», «sans gras», «100 calories», «riche en fibres» et autres indications apposées sur les emballages des aliments. Est-ce toujours pour notre bien?

LES YEUX PLUS GRANDS QUE LA PANSE

Prêter attention à la grosseur des portions est certes important pour apprendre à mieux contrôler ce que l'on mange. Sachez cependant que le contenant est aussi important que le contenu, et qu'on peut facilement être leurré par la grandeur d'une assiette ou par la forme d'un verre. Par exemple, des adolescents ont ingéré plus de jus lorsqu'il était servi dans un verre court (10,6 cm) et large que lorsqu'il était présenté dans un verre haut (18,9 cm), mais plus étroit. Les verres étaient pourtant de même capacité: 660 ml! Des résultats semblables ont été obtenus avec des bols et des assiettes de grandeurs différentes. À mesure que le bol grossissait, des participants se servaient proportionnellement plus de nourriture (et mangeaient tout), dont 31 % plus de glace dans un contenant de 965 ml comparativement à un contenant de 485 ml. On a même réussi à reproduire ces résultats en créant l'illusion d'une assiette plus petite lorsqu'elle était entourée de gros cercles, ou d'une autre plus grande en l'entourant de petits cercles! On a aussi trouvé que les participants à l'étude se comportaient de la sorte de façon tout à fait inconsciente!

La solution à la surconsommation serait-elle de manger dans une assiette plus petite? À cette question, certaines études répondent non : des individus munis de petites assiettes et se servant dans un buffet n'ont pas moins mangé que les personnes munies d'assiettes plus grosses. Car les participants munis de petites assiettes sont retournés plus souvent au buffet… Cependant, comme le fait d'avoir sous les yeux une plus grande variété d'aliments stimule l'appétit, il est possible que le buffet ait faussé les résultats. Tout porte à croire qu'un bol, une assiette ou un verre plus petits pourraient en fait diminuer votre consommation.

Le public étant désormais mieux informé que la grosseur des portions et celle des contenants de nourriture et de boissons sont déterminantes pour notre consommation, la popularité des gros formats a commencé à décliner. La solution à cette mauvaise presse, certaines compagnies ont tenté de la trouver en offrant de plus petits formats… mais autant de calories. C'est ainsi qu'en Europe, on a fabriqué deux petites barres de chocolat à partir d'une grosse barre. L'ensemble des deux petites barres avait cependant la même teneur calorique totale que la grosse barre. Des chercheurs ont trouvé que plus de 90 % des personnes avaient l'intention de manger les petites barres séparément, mais dans la même journée! Le paquet de deux barres de chocolat était donc considéré comme une unité à consommer en totalité, au même titre que la grosse barre.

Souvenez-vous que des chercheurs avaient entrepris des travaux sur la consommation alimentaire concernant les grosses portions d'aliments dans le but ultime de démontrer que ces portions accrues avaient vraiment joué un rôle dans l'augmentation de la prévalence du surplus de poids.

Ce qu'on a trouvé, c'est que plus la portion est grosse, plus on mange, que l'on soit enfant ou adulte. Mais, il y a un autre pas à franchir pour conclure que plus les portions sont grosses, plus on devient gros. Il existe bien quelques corrélations entre le poids des enfants et des adolescents et la grosseur des portions qu'ils ingèrent, mais on n'en a pas trouvé chez de jeunes enfants d'âge préscolaire. On attend toujours les études qui vont établir un lien de façon définitive entre le poids des adultes et la grosseur des portions qu'ils consomment. Par ailleurs, on sait encore peu de choses sur l'influence possible du sexe et de l'ethnicité dans ce domaine.

JE N'AI PAS DE FOND...

À la question: «Si on vous servait cette soupe pour le lunch, quand arrêteriez-vous d'en manger?», 81% des étudiants américains interrogés ont répondu: «J'arrêterai quand le bol sera vide ou à moitié vide», et 19%: «Quand je n'aurai plus faim.» En d'autres mots, en ce qui concerne la décision d'arrêter de manger, les signaux visuels l'emportaient sur la faim réelle. La majorité des participants à l'étude planifiaient ainsi de manger une certaine quantité de soupe avant même d'y plonger leur cuillère. Des chercheurs se sont donc demandé ce qui arriverait si le bol ne se vidait jamais... Ils ont alors concocté une expérience astucieuse.

C'est sans peine qu'ils ont recruté des volontaires pour manger une soupe offerte gratuitement dans un restaurant, en échange de leurs commentaires sur la qualité de la nourriture. À l'aide d'un système ingénieux, les chercheurs ont installé des tubes à l'intérieur de deux bols à soupe par table permettant de les remplir au fur et à mesure qu'ils se vidaient, alors que les deux autres bols étaient d'apparence identique, mais sans tubes remplisseurs. Quatre personnes s'installaient donc à table pour déguster la soupe: deux d'entre elles mangeaient dans un bol sans fond qui se remplissait continuellement et les deux autres, dans un bol normal. Parmi les 62 participants à cette dégustation, ceux dont le bol était truqué ont mangé 73% plus de soupe que les personnes dotées d'un bol normal! Malgré cela, les sujets qui avaient surconsommé la soupe ont affirmé avoir mangé la même quantité que les autres, et ne se disaient ni plus ni moins rassasiés. On a donc réussi à tromper les sujets avec des bols sans fond qui leur laissaient croire (et, surtout, voir!) qu'ils avaient mangé moins qu'en réalité. Ces individus se sont fiés à ce qu'ils voyaient et non à ce qu'ils ressentaient!

L'assiette ou le verre vide, le fond du sac de biscuits ou de croustilles sont des signaux visuels qui ont une forte influence sur nous. À preuve, les dégustations à l'aveugle (les bouteilles sont recouvertes d'un sac) chez les sommeliers professionnels, pour ne pas confondre vin blanc coloré et vin rouge! Cela se serait produit réellement alors que les dégustateurs percevaient des notes de fruits rouges dans le vin blanc coloré…

Quelles leçons tirer de tout cela? Que la notion de «l'intelligence du corps» qui contrôle notre appétit et régule notre poids n'existe tout simplement pas? Nous ne serions donc pas sensibles à nos signaux internes, ne nous fiant qu'à ce que nous voyons? Passé l'âge critique de deux ans, c'est foutu? Détrompez-vous, notre corps fonctionne normalement dans des circonstances normales. Or, les circonstances de l'étude des bols sans fond n'étaient pas normales, tout comme les portions géantes de nourriture que l'on met dans nos assiettes dans certains restaurants, ou les formats économiques au supermarché. Nous mangeons tout simplement ce que contient notre assiette, et notre panier d'épicerie. À nous d'en décider le contenu!

Mon cahier   Date: _____

Nous consommons plus d'aliments et de boissons provenant d'un gros contenant, que d'un plus petit, et lorsqu'ils sont servis en grosses portions.

Est-ce mon cas? _____

Je prête attention à la grosseur des portions que je me sers et qui me sont servies. Ce que je constate, c'est... _____
_____

Je trouve une astuce pour diminuer les portions trop généreuses, par exemple, commander la portion « entrée » au restaurant... _____
_____

Le seul fait de penser avoir mangé moins que la normale peut donner la faim ; inversement, penser qu'on a trop mangé peut rassasier.

J'y réfléchis ! _____
_____

Un bol, une assiette, un verre plus petits pourraient diminuer notre consommation

Je prête attention à la grosseur de mon bol, de mon assiette, de mon verre. Ce que je peux changer, c'est... _____
_____

Et le résultat, c'est... _____
_____

CHAPITRE 8

Les aliments gras... un plaisir voluptueux

Ce soir-là, j'en avais la certitude, le téléphone ne sonnerait pas.

J'en étais à me remémorer mon dernier échange avec Maty lorsqu'un bref coup à ma porte m'a tirée de mes pensées.

Qui se permettait de frapper à ma porte alors qu'une note y indiquait clairement que je ne devais pas être dérangée? Meeting in progress. Please do not disturb.

Peut-être était-ce un étudiant distrait, ou un collègue?

Un autre coup a résonné, plus fort celui-là!

Je suis allée ouvrir.

Une main gantée s'est tendue vers moi.

– Heureuse de vous rencontrer, professeur Thibault!

C'était Maty.

J'ai tenté de cacher ma surprise, et surtout mon embarras.

J'ai invité Maty à entrer dans mon bureau en prenant soin de bien refermer la porte derrière nous.

J'ai offert maladroitement un siège à la personne que je n'aurais jamais imaginé être ainsi... La séance a débuté, mon regard rivé sur celui de Maty.

– Alors Maty, que me vaut cette visite-surprise, en chair et en os?

– Professeur, j'ai bien failli rebrousser chemin, mais je me suis dit que vous auriez peut-être quitté votre bureau avant que je puisse vous téléphoner. Donc, me voici! Et depuis le temps qu'on parle de se voir pour mon poids et le questionnaire...

– Vous auriez pu me prévenir... Fort heureusement, j'avais préparé un exemplaire du questionnaire à votre intention.

– Ouais... Merci. Mais je ne savais pas moi-même si j'aurais le courage de venir vous rencontrer. J'ai presque changé d'idée quand vous n'avez pas ouvert la porte après mon premier coup. Ça prend du courage...

– Je le crois aussi. Je n'ai jamais eu de personne comme vous en consultation. Mais bon, le temps passe. Mes notes indiquent que nous avons abordé la notion de plaisir à la fin de notre dernière séance. Souhaitez-vous que nous en reparlions?

– Ce serait parfait comme programme pour aujourd'hui, professeur. Mais j'ai aussi pris des notes. Dans mon cahier... que j'ai ici pour vous.

– Vraiment?!

Maty m'a tendu un cahier d'exercices de marque Hilroy Canada. C'était un cahier de 32 pages lignées, à l'usage des élèves qui peuvent y inscrire au verso l'horaire des cours et des examens. Je l'ai feuilleté...

– Professeur, j'ai tout écrit comme vous me l'aviez demandé. Mes vaines tentatives pour maigrir, et aussi le poids perdu quand je m'en souvenais, mes doutes sur ces régimes amaigrissants, mes raisons de vouloir maigrir et d'autres choses aussi.

– Je vous en félicite, Maty. Vous avez fait vos devoirs. Je vois ce que vous pensez de votre poids... que vous n'avez pas indiqué?!

– Ah oui, ça... Mais je vais le faire dans le questionnaire. Promis.

– Si vous le permettez, je lirai attentivement votre cahier et on s'en reparlera à la prochaine rencontre.

– OK J'ai hâte de voir ce que vous penserez de mes aliments sucrés favoris. Ça m'a fait réfléchir au plaisir que me procure le sucre. Mais, je crois que j'aime encore plus les aliments bien gras. Et c'est sûrement ça qui fait grossir!

– Vous êtes dans le vrai. On a soupçonné, à juste titre, un lien entre les gras alimentaires et le surplus de poids répandu dans notre société. Sauf que…

LES GRAS QU'IL NOUS FAUT

Les gras alimentaires, qu'on appelle aussi «lipides», fournissent environ 9 kcal par gramme, ce qui les place loin devant les sucres (4 kcal/g), les protéines (4 kcal/g) et même l'alcool (7 kcal/g). Forts de cette connaissance, nous n'avons qu'à couper le gras de notre alimentation pour maigrir, ou éviter de grossir. Consommer des produits laitiers sans gras, enlever le gras apparent de la viande, y aller mollo avec les sauces, les vinaigrettes, les fritures, les pâtisseries, et le tour est joué! Avec la multitude de produits «allégés», contenant «la moitié moins de gras que le produit ordinaire», ou même «sans gras» du tout, la chose nous est facile, non? De prime abord, sans doute… Mais ne trouvez-vous pas étrange que, malgré (ou peut-être depuis!) l'apparition sur le marché de ces aliments «allégés, diète et minceur», le surpoids et l'obésité n'aient cessé d'augmenter? Cela s'explique, et de plusieurs façons.

Les arômes alimentaires sont très largement produits par les gras que contiennent nos aliments. Bien que les lipides soient des molécules peu odorantes à l'état naturel, ils constituent un véhicule idéal pour magnifier l'odeur des herbes, des épices et des autres condiments auxquels on les mélange. De plus, alors que les sucres proviennent surtout des produits végétaux et les protéines, des produits animaux, les lipides, eux, seraient une composante tant des produits animaux que des végétaux. Les corps gras sont donc omniprésents!

Une des qualités insoupçonnées de ces molécules lipidiques, c'est la sensation tactile particulière qu'elles produisent. Non seulement cette sensation nous procure un certain plaisir, mais elle nous renseigne sur ce que nous mangeons et buvons. Ainsi, la texture des produits laitiers dans la bouche permet de déterminer leur teneur en gras. Le degré d'onctuosité d'une sauce hollandaise varie selon le gras qui entre dans sa composition. Et que dire de la sensation unique de croustillant et de fondant que nous procure un croissant au beurre! Ou celle des chips qui craquent sous la dent en émettant leur indispensable petit bruit sec!

Dans leurs versions «allégées, diète, minceur», les préparations alimentaires qui contiennent moins de gras perdent ce goût, cet arôme, ce fondant, cette onctuosité, ce crémeux ou ce croustillant qui séduisent le palais. Bref, elles deviennent moins intéressantes pour nos papilles, nos cellules olfactives et nos récepteurs tactiles. Peut-on encore s'étonner qu'un régime sans gras ou composé d'aliments «allégés» soit difficile à maintenir à long terme? Une fois quelques kilos perdus, le naturel revient au galop. Les kilos aussi! Qui sait, peut-être est-ce ce qui a inspiré certains gourous des régimes amaigrissants à prêcher pour les régimes riches en gras.

Les corps gras

«Corps gras», voilà comment l'on nomme les graisses ou les lipides en cuisine. Qu'il s'agisse du beurre, du saindoux, de la graisse végétale ou de l'huile, un corps gras est un excellent conducteur de chaleur de la casserole vers les aliments qu'on y fait cuire. Froids et coupés en petits morceaux, les corps gras se mélangent imparfaitement à la farine, et fondent à la cuisson en formant de petites poches qui donnent le feuilleté des pâtes à tarte, des croissants et des biscuits. Seule l'huile mélangée au vinaigre, en présence d'un agent liant tel le jaune d'œuf, permet d'obtenir l'émulsion crémeuse et lustrée qu'est la mayonnaise. En friture, l'huile ajoute de la texture et du goût aux pommes de terre, aux poissons ou aux légumes tempuras. Une sauce est onctueuse, un croissant, dodu, un brownie, fondant, grâce aux corps gras. La «grasse matinée» évoque la paresse, tout en confort, tout en mollesse, sous le rebondi de la couette. Quant aux autres corps gras, leurs qualificatifs sont équivoques : un corps est plantureux, enveloppé, potelé, rondelet, bien en chair... ou voluptueux !

LES RÉGIMES AMAIGRISSANTS RICHES EN GRAS, ET LES AUTRES

Des chercheurs de tous les coins de la planète se sont penchés sur la question épineuse du gras et du poids. Après avoir été accusés de tous les maux – les gras font grossir, ils sont mauvais pour le cholestérol, pour la santé cardiaque, ils causent le cancer et quoi encore ? –, voici qu'ils reçoivent l'absolution quand il s'agit de perdre du poids.

La science, c'est parfois comme la météo. Il ne faut surtout pas se fier aux prévisions et toujours avoir son parapluie à portée de main. L'alignement des planètes y était favorable, mais aussi l'article de 15 pages du vénérable *New England Journal of Medicine* paru le 26 février 2009, écrit en petits caractères comme ceux qui figurent derrière les contrats d'assurance, et truffé de tableaux aux caractères encore plus fins. Les régimes amaigrissants, toutes catégories confondues, font maigrir, clamait-on ! La nouvelle n'était pas sans étonner. Pas moins de 17 professionnels de la santé et scientifiques. provenant de 3 instituts de recherche américains avaient cosigné cet article, ce qui avait été rendu nécessaire vu la tâche colossale que représentait le recrutement de plus de 800 sujets américains souffrant d'un surpoids ou d'obésité... Contre toute espérance, 811 participants ont répondu aux critères d'admission et ont bénéficié d'un soutien individuel et de groupe pour maigrir sur une période de 2 ans. Les quatre régimes amaigrissants testés représentaient quatre versions de pourcentages différents de sucres, de protéines et de gras alimentaires. Quel que fût le pourcentage de ces nutriments, tous les sujets avaient perdu environ 6 kg après 6 mois de régime seulement. Et après 12 mois de régime, tous les sujets avaient commencé à regagner le poids perdu. Au bout de 24 mois, malgré les encouragements soutenus des 17 chercheurs, le moral des troupes avait quelque peu baissé, mais il restait 645 valeureux sujets au régime. Ces derniers ont vu leur ténacité récompensée : 80 % d'entre eux ont réussi à perdre environ 4 kg ! On ne sait pas ce qui s'est passé par la suite, car l'étude s'est arrêtée là.

La communauté scientifique étant dans un état de doute perpétuel – sinon comment la science avancerait-elle? –, plusieurs autres études ont été entreprises dans le but de comparer le pouvoir amaigrissant des régimes à la mode. L'une d'elles est particulièrement fascinante, car elle redore le blason des régimes amaigrissants riches en gras. Baptisée *De A à Z* (De Atkins à Zone), l'étude a mesuré la perte de poids sur 12 mois de 311 personnes. La palme d'or de la perte de poids a été décernée au régime A, pour 4,7 kg perdus en 12 mois. De tous les régimes testés, le régime A comprenait l'apport en gras le plus élevé, oscillant entre 44% et 55% de l'énergie quotidienne. Or, l'apport quotidien en gras recommandé ne devrait pas dépasser 30% de l'énergie journalière! Un régime riche en gras peut certes faire maigrir, mais il n'est pas sans risque pour la santé. Qui plus est, maigrir peut représenter un danger en soi.

DANGEREUX DE MAIGRIR?

Il semble que le fait de maigrir puisse mettre notre santé en péril. C'est du moins ce que suggèrent certaines études, dont une menée au Manitoba: les kilos en trop imposent une surcharge sur les reins, les kilos perdus aussi! Cela peut sembler compliqué en apparence, mais c'est d'une simplicité désarmante. À condition d'avoir un surplus de poids substantiel à perdre, évidemment. Les reins des personnes obèses, déjà fort occupés à accomplir leur travail, doivent faire des heures supplémentaires lorsqu'on adopte le régime A. Car ce régime est non seulement riche en gras, mais aussi en protéines; la proportion des protéines peut atteindre 50% et même plus de l'énergie consommée dans une journée. Comme cela représente plus de quatre fois les apports recommandés, les reins risquent de déclarer forfait.

Puisqu'un malheur n'arrive jamais seul, perdre du poids, toutes catégories de régimes confondues, pourrait aussi présenter un risque de pollution sanguine. Certains polluants que l'on trouve dans notre environnement élisent domicile dans nos gras corporels et y coulent des jours heureux… Jusqu'au moment où, excédés par les kilos en trop, nous entreprenons un petit régime pour les meilleures raisons du monde: entrer dans son bikini, attacher ses souliers sans difficulté, voir ses pieds, marcher normalement, etc. Mais, il y a un hic: la pollution interne. Un des effets pervers de ces polluants que nous stockons dans nos graisses corporelles, c'est qu'ils recouvrent la liberté et foisonnent dans nos organes lorsque nous entreprenons un régime amaigrissant, ce qui ralentit notre métabolisme. En un mot, en maigrissant, notre corps dépense moins d'énergie. Cela pourrait aussi expliquer le fameux plateau que l'on atteint avec un régime amaigrissant. Dur, dur de maigrir. Surtout quand on subit le phénomène yo-yo!

Le phénomène yo-yo – qui consiste à perdre un peu de poids, à le regagner avec quelques kilos de plus, à le reperdre, à le regagner avec encore plus de kilos supplémentaires, et ainsi de suite – est connu de quiconque a déjà entrepris un régime amaigrissant, l'a abandonné, l'a recommencé, etc. C'est aussi un phénomène connu chez la souris de laboratoire qui a déjà fait un petit régime et l'a abandonné faute de motivation. Des chercheurs américains intéressés par la souris affligée par le phénomène yo-yo ont trouvé qu'elle était plus stressée que la normale et qu'elle était quelque peu dépressive. C'était prévisible. La grande surprise, c'est que le phénomène yo-yo chez la souris avait aussi altéré le comportement de certains gènes impliqués dans le stress et le contrôle de l'appétit, et ce, de façon permanente, même après qu'elle eut enfin atteint son poids idéal. Non satisfaits de cette découverte, les chercheurs ont soumis la souris yo-yo à des situations stressantes, puis ils ont mesuré son niveau de stress et sa consommation de nourriture. La souris était plus stressée et mangeait beaucoup plus que sa consœur qui n'avait jamais fait de régime. Morale de cette histoire: évitez le yo-yo, vous vous abstiendrez ainsi des régimes qui ne marchent pas et votre corps vous en sera reconnaissant. Évitez aussi la recherche du plaisir exacerbée par la restriction alimentaire.

Manger moins a des effets importants sur la chimie du cerveau. La restriction alimentaire aiguise la sensibilité des circuits de récompense du cerveau et crée un certain état d'alerte qui encourage les comportements de quête de nourriture. Des scientifiques ont vu là une autre preuve indéniable d'un legs de nos lointains ancêtres qui, ne sachant pas quand ils croiseraient le mammouth, ont vu leur système s'adapter pour assurer leur survie. Leurs sens en alerte, ils ont pu traquer la bête, qui les a repus jusqu'à la prochaine partie de chasse. Le cerveau affamé est avide de récompense et de plaisir. Un régime amaigrissant pourrait mettre notre corps et notre cerveau en état d'alerte à la famine, nous faisant perdre le contrôle la plupart du temps.

VRAI ou FAUX ?

LES GRAS ET LE POIDS

Les gras alimentaires n'ont pas tous les mêmes effets : certains d'entre eux sont carrément néfastes, non seulement pour la santé, mais aussi pour la régulation du poids corporel.

VRAI. J'ai suffisamment examiné la question dans mon laboratoire de recherche pour appuyer l'hypothèse selon laquelle les gras saturés, ceux qui proviennent de sources animales, permettraient de faire plus facilement des réserves de graisse corporelle que les gras insaturés qui proviennent des végétaux.

LES GRAS ET LE CONTRÔLE DE L'APPÉTIT

Les corps gras ont certes le pouvoir de combler nos sens. Malgré cela, ils ne seraient pas très doués pour le contrôle de l'appétit. Ils jouent un rôle très secondaire également lorsque notre corps tente d'ajuster ce que nous mangeons en fonction de ce que nous dépensons. En plus, les corps gras interfèrent avec le processus inconscient de planification des repas.

Lorsque nous mangeons, nous adaptons inconsciemment nos portions à partir de nos expériences. Nous possédons en effet la faculté d'ajuster la quantité de nourriture que nous mangeons, non pas selon l'heure et la composition de notre dernier repas, comme le croient certains chercheurs, mais par anticipation du prochain repas. Plus précisément, nous ajustons nos repas en anticipant le prochain jeûne. Dans le jargon scientifique, on appelle ça l'«ingestion anticipatoire». Cela pourrait venir, encore une fois, des temps préhistoriques… de cette époque où, craignant une nouvelle période de famine, l'humain mangeait le plus possible pour faire des réserves. Notre corps serait donc programmé pour le stockage: il accumule de la graisse en prévision de la prochaine disette. Les privations qu'on s'inflige quand on est au régime, ou qu'on saute un repas, ne seraient-elles pas aussi perçues comme des disettes (en miniature) contre lesquelles il faut se protéger? C'est peut-être ainsi que notre corps perçoit les régimes amaigrissants et s'en défend, se vengeant même à l'occasion, en fonctionnant au ralenti ou en nous faisant «craquer» de temps en temps, pour maintenir ses réserves. Nous savons aussi que nos sens sont émoustillés et que le plaisir ressenti est exacerbé par les aliments que nous consommons après avoir sauté un repas. À force de privations, vouloir maigrir peut donc faire grossir.

Nous apprenons à un très jeune âge à manger de façon à «tenir» jusqu'au prochain repas, par exemple pour ne pas avoir faim au cours des quatre ou cinq heures qui séparent le repas du midi de celui du soir. Cela nous permet de contrôler, de façon inconsciente, la grosseur de nos repas. Cependant, au fil de l'histoire, les aliments dont se nourrissaient nos ancêtres, qui nous ont légué cette capacité inconsciente de planification des repas, ont passablement changé et diffèrent quelque peu des aliments de notre société moderne. Nos ancêtres se nourrissaient de produits de la chasse, de fruits, de noix, de racines et de tubercules, assurant un bon apport de protéines et un apport modéré de sucres et de gras. Notre régime a à ce point évolué qu'il contient maintenant un apport élevé de sucres et de gras. Or, un régime alimentaire riche en gras pourrait amoindrir cette capacité d'ajuster le contenu de notre assiette par anticipation du prochain repas. Il semblerait que ce soit une histoire de mémoire courte.

LES CORPS GRAS ET LA MÉMOIRE

Lorsque les aliments éveillent nos sens, des signaux sont envoyés à notre cerveau pour lui signaler la présence d'un goût, d'une odeur ou d'une texture particulière. Notre cerveau est alors envahi par une multitude d'informations qui nous permettent d'analyser de façon très précise ce que nous venons de manger. Nous possédons un système personnel d'analyse nutritionnelle beaucoup plus sophistiqué que celui qui a fourni les chiffres et les pourcentages de valeur quotidienne que l'on trouve sur les étiquettes. Si nous mangeons un biscuit sablé, notre corps en perçoit non seulement l'odeur et la texture, mais aussi ses autres effets tels que l'arrivée de sucres dans l'organisme qu'il identifie, codifie, enregistre, associe et mémorise pour utilisation prochaine. Ces associations que l'on mémorise sollicitent tant notre corps que notre cerveau. Et une défaillance dans l'un ou l'autre peut mettre en péril ces conditionnements nécessaires au contrôle de ce que nous mangeons et buvons. Ainsi, une lésion dans une région cérébrale essentielle au contrôle de ce que nous mangeons, l'hypothalamus latéral, peut nous empêcher de mémoriser et de reconnaître l'odeur et la texture d'un aliment familier. Les corps gras alimentaires pourraient avoir des conséquences semblables.

Bien que certains gras soient absolument essentiels au bon fonctionnement de notre cerveau, un excès de gras alimentaires aurait comme effet de nuire à certaines fonctions cérébrales, telle la mémoire. Plusieurs travaux ont associé un régime riche en gras à des déficits de la mémoire, avec ou sans surplus de poids apparent, tant chez les animaux de laboratoire que chez l'humain. Malgré les preuves accablantes des effets néfastes des corps gras alimentaires sur la mémoire, et une explication jusqu'à maintenant insoupçonnée du lien entre certains gras alimentaires et le surplus de poids, certaines instances gouvernementales ne voient pas l'intérêt de soutenir la recherche scientifique dans ce domaine.

∾

Cette séance était passée à la vitesse de l'éclair.

Je contemplais la silhouette de Maty s'éloignant, mon questionnaire sous le bras.

J'ai tenté de deviner son corps sous le balancement de la burqa.

Mon cahier   Date : _____

Malgré l'apparition sur le marché de ces aliments « allégés, diète et minceur », le surpoids et l'obésité n'ont cessé d'augmenter.

Est-ce que je réussis à éviter le piège des aliments allégés ? _____
_____

Sinon, que vais-je faire pour y remédier ? _____
_____

Un régime alimentaire riche en gras pourrait nuire à la mémoire et affaiblir notre capacité de bien doser la quantité de nourriture dont nous avons besoin.

Les aliments riches en gras que je consomme... _____
_____

Est-ce trop ? _____
_____

Une solution pour manger moins gras serait de... _____
_____

CHAPITRE 9

Un *relooking* du corps... et du cerveau

Depuis ma rencontre avec Maty en chair et en os, mille questions se bousculaient dans ma tête. Pourquoi m'étais-je embarquée dans une pareille affaire? Je crois que le temps était venu de mettre un terme à ces consultations qui me faisaient perdre mes repères. Qu'allais-je entendre ce soir: le timbre du téléphone ou un cognement à ma porte? Le souvenir fantomatique de la burqa noire s'éloignant de mon bureau la semaine précédente dansait dans ma tête. Pourquoi Maty habillait-elle son corps de la sorte? Mon erreur, j'allais bientôt la comprendre.

(Sonnerie du téléphone.)

– Bonsoir professeur. C'est Maty.

– Bonsoir Maty. Comment allez-vous?

– Comme ci comme ça...

– Il y a longtemps que je vous ai vue.

– C'est compliqué de venir vous rencontrer.

– Pourquoi donc?

– Ce serait trop long à expliquer... Et je trouve que c'est bien de se parler ainsi.

– Pour ma part, Maty, je trouve que ça ne va pas du tout! Vous appelez, vous n'appelez pas, vous vous présentez à mon bureau sans crier gare. C'est inacceptable.

– Comprenez, professeur, que je n'ai pas le choix d'agir comme ça.

– Eh bien, justement, je ne comprends pas.

– Vous ne comprenez rien à rien…

– Maty, je vous interdis de me parler sur ce ton… Maty ?

Un déclic.

Le son monocorde de la ligne téléphonique.

C'est fini.

Enfin.

Libérée.

Ces consultations n'avaient plus aucun sens.

Ma petite voix m'avait pourtant prévenue…

Quelque chose clochait depuis le début.

Ça n'allait pas dans la tête de Maty.

Comme dans la tête de certains obèses…

LE CERVEAU AFFAMÉ

Le grand gestionnaire du poids corporel est sans contredit notre cerveau. Ce gestionnaire contrôle les entrées (ce qu'on mange) et les sorties (ce qu'on dépense), et comptabilise régulièrement notre patrimoine : nos avoirs (notre actif) et nos dettes (notre passif). Côté patrimoine, il est conservateur et il sait calculer les risques lorsque nous sommes en présence de gâteaux. Beaucoup d'entre nous ont hérité d'un gestionnaire méticuleux qui comprend bien les marchés et fait fructifier leurs biens (leurs réserves de graisse corporelle !). D'autres ont un gestionnaire dont les compétences laissent à désirer, ce qui amenuise leurs réserves (de graisse !). Cela constitue des pièces du puzzle du surpoids, qui fait que plusieurs d'entre nous seraient «gérés» de façon à être plus enveloppés que la moyenne. Cela montre aussi qu'il est ardu de réconcilier les mondes de la finance et de la gestion du poids…

Ce gestionnaire du poids que nous ne voyons pas, nous pouvons communiquer avec lui et l'informer par la voie de ce que nous mangeons et buvons. Soyons prudents, car nous pourrions lui faire commettre des erreurs de jugement. Comment? Par exemple, en prenant un verre pour nous relaxer. Dans ces conditions, notre gestionnaire devient encore plus permissif pour les entrées. Effectivement, il est plus difficile de contrôler ce qu'on mange quand on a un verre dans le nez. Tout revient à la normale quand on dégrise, mais le mal est fait : on a plus d'actifs! D'autres circonstances font comprendre à notre gestionnaire qu'il doit se *relooker*.

LE *RELOOKING*

Prendre du poids peut nous inciter à consulter un spécialiste en *relooking* personnel, ou «restylage», pour mieux choisir nos bijoux, nos chaussures, notre voiture. Il existe peu d'études scientifiques sur le sujet (à ce jour, je n'en ai trouvé aucune), mais ce phénomène mérite qu'on s'y attarde. Quant à notre gestionnaire pondéral, nul besoin de chercher ailleurs : c'est le roi du *relooking*! D'où lui viennent ces envies de nouveau *look*? L'arrivée du printemps, la saison des bikinis, un nouvel amoureux? Que non! Notre gestionnaire succombe à l'appât du gain, tout simplement. Du gain de poids, plus précisément. Prendre du poids peut laisser des empreintes indélébiles dans notre cerveau, qui se *relooke* pour s'adapter à cette nouvelle réalité.

Le cerveau des personnes obèses diffère-t-il de celui des personnes de poids normal? «Assurément!» m'a rétorqué un collègue neurologue qui manie l'imagerie cérébrale comme d'autres la moulinette. «C'est l'évidence même!» ai-je cru lire entre les lignes de ce regard étonné, un brin condescendant, qui me fustigeait. De toute évidence, je ne suis pas membre de ce club-là... Mon orgueil piqué de curiosité, je me suis mise à répertorier les textes scientifiques sur le *relooking* du cerveau chez l'obèse, tâche ardue s'il en est. Le jeu en valait la chandelle. Ce que j'ai trouvé est renversant.

On savait déjà que certaines personnes obèses étaient plus sensibles que les autres aux charmes sensoriels des aliments et des boissons. Et qu'elles succombaient plus facilement à la tentation. Mais on ne savait pas pourquoi. C'est grâce à l'avancement des techniques d'observation du cerveau en action qu'on a trouvé une première réponse à la question. Alors, pourquoi plus de personnes obèses succombent-elles au goût enivrant de la crème caramel? La réponse: non seulement la fourchette des personnes obèses, mais également les circuits de récompense de leur cerveau répondent plus intensément à la présence d'aliments goûteux que ceux d'une personne de poids normal. Autrement dit, certains aliments procurent plus de plaisir cérébral chez l'obèse, activant tant le coup de fourchette que le gain de poids.

Mais, la science regorgeant de contradictions, d'autres scientifiques ont trouvé que ces mêmes circuits de récompense du cerveau d'autres personnes obèses répondaient moins au goût enivrant des aliments que ceux d'individus de poids normal. Dans ces conditions, comment se peut-il qu'un cerveau qui ressent moins de plaisir soit en phase avec un surplus de poids? En en redemandant, tout simplement. Les travaux des neuropsychologues et autres «logues» ont montré que le cerveau de certains obèses aurait effectivement besoin de plus de stimulation sensorielle alimentaire pour ressentir le même effet de récompense et de plaisir que le cerveau d'une personne de poids normal. D'où ce désir à assouvir en se nourrissant plus, avec ou sans fourchette.

Le *relooking* cérébral lié au gain de poids a donc plus d'un visage, bien que cela se passe dans les mêmes neurones de la récompense alimentaire. Tout comme la modération a bien meilleur goût, une réponse modérée de ces neurones aux aliments serait la clé pour garder la ligne. Le cerveau «minceur» réagit donc aux aliments, mais de façon modérée. Le cerveau obèse, lui, est soit surstimulé, soit sous-stimulé par les aliments goûteux; dans les deux cas, la quête de la récompense et du plaisir est assouvie par la surconsommation de nourriture.

IL FALLAIT Y PENSER

Vous êtes-vous déjà demandé d'où vous vient cette sensation d'avoir peu ou même trop mangé au cours d'un repas, certains jours ou à une occasion précise? Vous souvenez-vous de tout ce que vous avez mangé la dernière fois que vous êtes allé dans un buffet «à volonté»? Combien de morceaux de pain vous avez ingérés à votre dernier repas au restaurant, de frites, de côtes levées? Vous rappelez-vous le nombre de verres de vin que vous avez consommés? Si vous répondez par l'affirmative, c'est que vous faites partie du très petit pourcentage de personnes qui gardent en mémoire ce qu'elles ont mangé. Car, la majorité d'entre nous n'auraient qu'un souvenir très approximatif de ce qu'ils mangent et boivent. D'ailleurs, il semblerait que la plupart des gens croient manger moins que ce qu'ils mangent en réalité!

Pourquoi sommes-nous donc de si piètres juges lorsqu'il s'agit d'estimer ce que nous mangeons? Si je vous demande combien de jeans vous possédez, la réponse sera sans doute plus précise qu'elle ne le sera pour la quantité de lait versée dans vos céréales ce matin ou de confiture tartinée sur votre pain. Ce genre de considérations peut sembler superflu et sans grande importance, mais des chercheurs y ont consacré leur carrière. Ils ont découvert que nous ne sommes pas façonnés pour garder un registre de ce que nous mangeons. Les explications de ce phénomène n'ont pas tardé. Les théories évolutionnistes ont refait surface, avec nos gènes économes et notre instinct de survie qui font en sorte que manger plus, c'est toujours mieux. Dans ce contexte, compter les calories est d'un ridicule!

Je vous ferai grâce des mécanismes anatomico-psycho-neuro-physiologico-peptidergiques horriblement compliqués proposés par les grands scientifiques de ce monde. D'autant qu'on en cherche encore l'utilité dans la vie de tous les jours. Je vous propose plutôt une autre explication du pourquoi nous sommes de piètres juges lorsqu'il s'agit d'estimer ce que nous mangeons. C'est d'une simplicité déconcertante: une fois ingérées, la nourriture et les boissons disparaissent! Il ne reste plus rien que l'assiette et le verre. Leur contenu s'est envolé, ne laissant que des empreintes imprécises dans notre mémoire. Avouez qu'il fallait y penser. Pensez aussi que, puisque votre jeans ne disparaît pas lorsque vous l'enlevez, cela vous aide à vous en rappeler.

L'AVANTAGE DES AILES DE POULET

Que reste-t-il de votre petit-déjeuner et des autres repas que vous avez pris dans la journée? Rien, tout a disparu, le lait, les céréales, la confiture, le pain, le sandwich, le yogourt, les gâteaux, le jus, le vin, bref tout ce que vous avez mangé et bu. Normal qu'il soit difficile de s'en rappeler avec justesse. Ils n'ont pas laissé de traces visibles. Ce à quoi un volubile chercheur américain a répondu que ce n'était pas vrai! Du moins, pas pour tous les aliments. Ce chercheur s'appelle Brian Wansink.

Wansink est célèbre pour ses travaux excentriques, qui parlent de ce qui nous entoure et nous fait (trop) manger. De ce que nous ne voyons pas. Ses travaux ont exposé des milliers de sujets qui pensaient avoir le contrôle sur ce qu'ils mangeaient, qui se croyaient à l'abri des ruses de la publicité, de la grosseur des portions servies dans les restaurants, de l'ambiance, de tout. Mais, en réalité, lorsqu'il s'agit d'alimentation, nous ne sommes à l'abri de rien. Même pas de nous-mêmes. Les travaux de Wansink ont non seulement berné des milliers de volontaires «grand public», mais aussi ses propres étudiants inscrits à la maîtrise en administration (MBA).

Par un beau dimanche de Super Bowl, Wansink avait convié une cinquantaine d'étudiants à regarder le match sur l'écran géant d'un bar local. La promesse d'ailes de poulet et de boissons gazeuses gratuites tout au long de la soirée a assuré une participation monstre. Aucun sujet ne s'est désisté! Les étudiants ayant pris place à différentes tables pouvaient commander des boissons gazeuses aux serveuses, mais ils devaient se lever pour aller chercher les ailes de poulet à un buffet. Wansink, qui se trouvait dans les coulisses (la cuisine), avait donné les ordres suivants aux serveuses: pour la moitié des tables, elles devaient vider régulièrement le bol de restes d'os d'ailes de poulet et revenir avec un bol vide; pour l'autre moitié, elles devaient laisser les os s'empiler dans le bol. À chaque retour de bol plein d'os à la cuisine, Wansink et ses comparses comptaient le nombre de carcasses et les pesaient. À la fin de la soirée, tous les étudiants ayant quitté le bar, Wansink et ses acolytes ont surgi de leur cachette et ont alors fébrilement compté et pesé les os qui s'étaient accumulés dans les bols que les serveuses avaient pris soin de ne pas vider. Cette expérience n'avait pas été menée en vain : les amateurs de Super Bowl dont les restes d'os s'étaient accumulés dans le bol avaient englouti 28 % moins d'ailes de poulet que les amateurs dont le bol de restes d'os avait été régulièrement vidé !

L'avantage des ailes de poulet, c'est qu'on peut voir combien on en mange, même quand on a fini de manger. À condition de ne pas vider le bol au milieu du repas ! On mange avec ses yeux. On vide son assiette, on va au fond du sac de chips ou de biscuits, on avale la barre de chocolat. Puis on nettoie l'assiette, on jette le sac et l'emballage. Et on recommence jour après jour, semaine après semaine... Si nous pouvions voir combien de chips nous avons mangées, aurions-nous l'idée d'en ouvrir un second sac ? Si on nous montrait le contenu de la première assiette que nous nous sommes servie au buffet, nous lèverions-nous pour nous en servir une deuxième ?

Le Super Bowl en chiffres dans le *USA Today* du 4 février 2005, c'était 4 000, 14 000 et 3 200 000. Ces chiffres correspondent respectivement au nombre de tonnes de popcorn et de chips que les fans vont engloutir et le nombre de pizzas que les fans vont acheter dans deux chaînes de restaurants à la mode. Ces chiffres sont enfouis dans la mémoire collective... Loin derrière le souvenir vibrant d'un attribut féminin que Janet Jackson a dévoilé à la planète l'espace de quelques secondes, et qui restera à jamais gravé dans les mémoires. À moins que l'on ne souffre d'amnésie. Dans ce cas, non seulement on doit vous rappeler que ce n'était peut-être pas un malheureux accident, mais aussi la dernière fois que vous avez mangé !

KILOS ET AMNÉSIE

L'amnésie a ce petit quelque chose qui intrigue et inquiète à la fois. Il est troublant de penser qu'on peut perdre la mémoire de notre vécu, mais aussi de qui nous sommes, petit à petit, ou soudainement. Un traumatisme (un accident, une maladie) peut provoquer une amnésie telle que nous ne nous souvenons plus de pans de notre vie passée plus ou moins longs. Ou alors, il nous est impossible de former de nouveaux souvenirs, tout s'efface au fur et à mesure que ça arrive. Comme le souvenir de ce qu'on vient de manger.

L'amnésie peut amener une personne à manger plusieurs repas de suite. Un patient amnésique célèbre, qu'on a identifié par les initiales H. M., a fait l'objet de plusieurs observations dont le fait d'avoir mangé un second repas une minute après avoir terminé son premier repas. On a d'abord cru qu'il s'agissait d'un problème de satiété : l'amnésique ne ressentant pas la satiété, il serait toujours prêt pour un nouveau repas. Un groupe de chercheurs anglo-saxons dirigés par l'excellente Suzanne Higgs ont dûment testé cette hypothèse. Dans un premier temps, ils ont trouvé que les amnésiques avaient la même séquence des sensations sensorielles qui amènent le rassasiement au cours d'un repas que les sujets témoins. Chez tous les sujets, le repas devenait de moins en moins agréable à mesure qu'il était consommé. La mémoire ne serait donc pas un facteur clé pour ressentir la satiété.

Malgré une satiété intacte chez les sujets amnésiques, ces derniers mangeaient spontanément beaucoup plus que les sujets témoins. C'est alors que l'équipe Higgs a pensé que le déficit de la mémoire pouvait expliquer la surconsommation de nourriture. La norme étant qu'une fois un repas terminé, on attend un certain temps avant de prendre un autre repas. Comme l'amnésie fait oublier qu'on a mangé, les gens qui en souffraient ne suivaient pas cette norme. Mais, il y avait plus que ça : les sujets amnésiques n'étaient pas en mesure de dire s'ils avaient moins faim une fois le repas terminé, contrairement aux sujets témoins. Ce sont ces résultats qui ont mis l'équipe Higgs sur la bonne piste. À mesure que l'on mange, les substances nutritives des aliments sont libérées dans notre corps et des signaux sont envoyés vers notre cerveau. Le cerveau réconcilie alors les informations reçues avec ce qu'il connaît déjà afin d'envoyer des signaux pour qu'on cesse de manger, et cela est un exercice obligé de mémoire. Une mémoire déficiente ne permet pas de boucler ce cycle nécessaire pour arrêter de manger et encourage ainsi la surconsommation de nourriture. L'équipe Higgs, visionnaire, a pensé que manipuler la mémoire pourrait être utile pour contrôler ce que l'on mange.

Ce sont donc des sujets ne présentant aucun trouble de la mémoire qui ont été recrutés pour participer à une étude assez simple, mais inusitée. En milieu d'après-midi, on a demandé à la moitié des participants de se rappeler ce qu'ils avaient mangé au repas du midi cette journée-là, et à l'autre moitié, ce qu'ils avaient mangé au repas du midi la veille. Après quoi, ils ont tous eu droit à une collation de maïs soufflé ou de biscuits. Étonnamment, les sujets qui se sont remémoré leur repas de la journée ont mangé moins de maïs soufflé ou de biscuits que ceux qui se sont remémoré leur repas de la veille. Comment expliquer ça? On ne sait trop comment, sauf que le fait de penser qu'on a mangé récemment peut nous faire réfléchir à manger moins cette fois. On pourrait aussi imaginer que se remémorer le repas pris juste avant pourrait faciliter l'ajustement de la collation selon nos signaux internes. À retenir.

∾

Pas de nouvel appel de Maty... C'est tant mieux! Le ton de notre dernière conversation était plutôt irrévérencieux, cela aurait mal fini...

Et c'est d'ailleurs ce qui est arrivé.

Mon cahier   Date : _____

Se remémorer ce qu'on a mangé dans la journée pourrait aider à contrôler
ce qu'on mangera à la collation ou au repas suivant.

Je vais penser à ce que j'ai mangé à mon dernier repas. C'était... _____

_____

Je vais faire cet exercice de temps en temps et noter ce que ça donne.

_____

_____

CONCLUSION

PRENEZ SOIN DE MOI

Maintenant que nous avons fait plus ample connaissance, me comprenez-vous un peu mieux? Ne vous en déplaise, je suis comme je suis et c'est moi qui fais la loi. Comptez-vous chanceux qu'il en soit ainsi! Et si je ne réponds pas aux normes esthétiques que la société nous impose, ce n'est pas ma faute. Ni la vôtre!

Je souhaite de tout cœur que ce livre vous ait permis de faire un retour sur moi. M'avez-vous reconnu à travers votre patrimoine familial? Avez-vous aussi compris que j'ai gardé en moi les résidus de l'instinct de survie de l'espèce à laquelle vous appartenez, avec comme conséquence obligée que je suis programmé pour faire des réserves de graisse? Ces privations que vous m'imposez m'encouragent dans cette mission! Cependant, cela m'expose à des dangers dont vous pouvez maintenant mesurer l'importance.

Bien que je sois une merveille d'adaptabilité, j'ai parfois le sentiment que je suis un peu vieux jeu. Tout va trop vite! Je suis dépassé par les événements. Mes sens sont sursaturés, confus. Tous ces bruits autour de moi me rendent sourd, toutes ces odeurs qui flottent se mélangent dans mon esprit. Ces goûts familiers, j'ai de plus en plus de mal à les reconnaître, ces textures et ces apparences me trompent. Je vous en prie, arrêtez le massacre! Vous, qui m'habitez au cours de ce passage sur cette planète, avez ce pouvoir.

Je suis une œuvre d'art. Je suis ici pour vous faire profiter de la beauté du monde.

Alors, prenez soin de moi!

Votre Corps

ÉPILOGUE

L'AUTRE QUÊTE

Ce soir-là, je m'apprêtais à fermer mon ordinateur lorsqu'une nouvelle insolite a capté mon attention : «Mystérieux cadavre. Un corps sans vie a été retrouvé aujourd'hui dans une chambre d'hôtel de la métropole. Les circonstances de la mort pourraient être suspectes. Les autorités policières tentent de déterminer l'identité de la victime.»

Le téléphone a sonné.
Jeudi, 19 heures précises.

— Bonsoir, suis-je au bureau du professeur Thibault ?
(Le ton était officiel.)
— Oui. Je suis le professeur Thibault.
— Je suis le sergent L'Heureux de la brigade des homicides. Je dois vous rencontrer. J'ai quelques questions à vous poser.
— Vraiment ? À quel sujet ?
— Nous enquêtons sur la mort d'une personne dont le corps a été découvert dans un hôtel de Montréal.
— Le mystérieux cadavre dont on parle dans les médias ?
— Exact. Vous attendiez un coup de fil à votre bureau et vous lisiez les nouvelles de dernière heure…

– *Comment le savez-vous?*

– *Vos coordonnées ainsi que l'heure d'un appel devant être fait un jeudi étaient inscrites sur un papier chiffonné fourré dans une petite sphère en cire rouge sur la table de chevet de la chambre d'hôtel.*

La boule! Où ai-je bien pu la mettre? Elle était là sur mon bureau... Elle n'y est plus!

– *Professeur, vous êtes toujours là?*

– *Oui, oui. Pardonnez-moi. J'ai eu un moment de distraction. Vous parliez de mes coordonnées?*

– *Exact. Vous avez peut-être lu sur Internet que nous tentons d'identifier la victime. Nous vérifions le peu d'indices que nous avons à notre disposition.*

– *Vous n'avez pas trouvé les papiers de la victime?*

– *Nous n'avons rien. Sauf vos coordonnées et la sphère rouge. Nous y avons relevé des empreintes digitales qui ne correspondent pas à celles du cadavre. Vous devrez nous fournir les vôtres...*

– *Pourquoi ça? Vous m'accusez?!*

– *Professeur, nous n'avons aucune preuve de quoi que ce soit dans cette affaire. Les empreintes sont une simple formalité à ce stade de l'enquête.*

– *Mais vous enquêtez sur quoi, au juste?*

– *Il pourrait s'agir d'un suicide. Ça pourrait être un meurtre.*

– *Sergent, je ne vous dirai pas un mot de plus sans la présence d'un avocat!!!*

– *Du calme, professeur. Comprenez que nous ne faisons que des vérifications d'usage. Nous avons notre petite idée sur l'identité de la personne décédée...*

– *Cette idée, c'est quoi?*

– *Certaines enquêtes policières viennent à terme grâce à des informateurs.*

– *Vous voulez parler des délateurs?*

– *Exact.*

– *Alors?*

– *Le cadavre que nous avons trouvé gisant dans la chambre d'hôtel pourrait bien être celui d'un ou d'une d'entre eux.*

– *Comment ça, un ou une?*

– *Une autopsie est en cours pour déterminer le sexe de la personne décédée.*

– *Le sexe?*

– *Le corps pourrait être celui d'un homme ou d'une femme. Il se pourrait aussi que cette personne ait tenté de changer de sexe, donc d'identité. Pour des raisons évidentes, vu son passé...*

– *Mais vous m'avez dit que c'était un informateur, ou une informatrice.*

– *Exact. Certains informateurs pourraient être inculpés de meurtre, mais ils ont des accusations moindres parce qu'ils nous aident à retrouver un ou des coupables. Ces personnes courent un grand danger en agissant de la sorte, mais nous faisons de notre mieux pour assurer leur protection. Un de nos informateurs pour une sombre histoire de meurtres en série a disparu de la circulation il y a environ deux mois.*

– *Un informateur qui aurait commis des meurtres?*

– *Vous êtes considérée comme un témoin important dans cette affaire. Vous devrez vous rendre au bureau des enquêteurs pour faire votre déposition!*

La suite n'appartient plus à ce livre...

POUR EN SAVOIR PLUS

CHAPITRES 1 ET 2

BLACK, R. E., S. S. MORRIS et J. B. BRYCE. «Where and why are 10 millions children dying every year?», *The Lancet,* vol. 361, n° 9376, 2003, p. 2226-2234.

CHAPELOT, D. et J. LOUIS-SYLVESTRE. *Les comportements alimentaires,* Paris, Lavoisier, 2004.

DE SAINT POL, T. «Evolution of obesity by social status in France, 1981-2003», *Journal of Economics and Human Biology*, vol. 7, n° 3, 2009, p. 398-404.

FOOD AND AGRICULTURE ORGANIZATION OF THE UNITED NATIONS. *Hunger on the Rise,* Genève, FAO, septembre 2008.

FOREYT, J. P. et G. K. GOODRICK. «The ultimate triumph of obesity», *The Lancet,* vol. 346, 2005, p. 134-135.

GARN, S. M., W. R. LEONARD et V. M. HAWTHORNE. «Three limitations of the body mass index», *American Journal of Clinical Nutrition,* vol. 44, 1986, p. 996-997.

KATZMARZYK, P. T. «Epidemiology of Obesity, 2006: Canadian clinical practice guidelines on the management and prevention of obesity in adults and children», *Canadian Medical Association Journal,* vol. 176, 2007, 8 suppl., p. 1-117.

LEDERER, J. *Manuel de diététique,* Paris, Maloine, 1978.

NATIONAL HEALTH AND NUTRITION EXAMINATION SURVEY (NHANES). *Centers for Diseases Control and Prevention, Prevalence of Overweight and Obesity among Adults: United States 2003-2004,* 2006.

ORGANISATION MONDIALE DE LA SANTÉ (OMS). *Facts Sheet,* n° 311, 2006.

RODRIGUEZ, J. C. *À chacun son régime: comment choisir le régime adapté à nos besoins,* Montréal, Les Éditions de l'Homme, 2009.

SANTÉ CANADA. *Lignes directrices canadiennes pour la classification du poids chez les adultes,* Ottawa, Santé Canada (éditeur), 2003.

THIBAULT, L. *Nourrir son cerveau: manger intelligemment,* Montréal, Les Éditions de l'Homme, 2004.

CHAPITRE 3

BOUCHARD, C. «Current understanding of the etiology of obesity: Genetic and nongenetic factors», *American Journal of Clinical Nutrition,* vol. 1, n° 53, 1991, p. 1561S-1565S.

CHAPELOT, D. et J. LOUIS-SYLVESTRE. *Les comportements alimentaires,* Paris, Lavoisier, 2004.

DE CASTRO, J. M. «Behavioral genetics of food intake regulation in free-living humans», *Nutrition,* vol. 15, 1999, p. 550-554.

HOFMAN, M. A. «Brain evolution in hominids: Are we at the end of the road?», dans D. FALK et K. R. GIBSON (sous la direction de), *Evolutionary Anatomy of the Primate Cerebral Cortex,* Cambridge (G.-B.), Cambridge University Press, 2003, p. 113-127.

LEONARD, W. R., J. J. SNODGRASS et M. L. ROBERTSON. «Effect of brain evolution on human nutrition and metabolism», *Annual Review of Nutrition,* vol. 27, 2007, p. 311-327.

PÉRUSSE, L., A. TREMBLAY, C. LEBLANC, C. R. CLONINGER, T. REICH, J. RICE et C. BOUCHARD. «Familial resemblance in energy intake: Contribution of genetic and environmental factors», *American Journal of Clinical Nutrition,* vol. 47, 1988, p. 629-635.

Petronis, A. « Epigenetics as a unifying principle in the aetiology of complex traits and diseases », *Nature*, vol. 465, 2010, p. 721-727.

Schachter, S. « Some extraordinary facts about obese humans and rats », *American Psychologist,* vol. 26, n° 2, 1971, p. 129-144.

Wyness, L. « Diet during pregnancy can lead to obesity in offspring », *Nutrition Bulletin,* vol. 36, 2011, p. 367-369.

CHAPITRE 4

Antunes, L. C., R. Levandovski, G. Dantas, W. Caumo et M. P. Hidalgo. « Obesity and shift work : Chronobiological aspects », *Nutrition Research Reviews,* vol. 23, 2010, p. 155-168.

Apfeldorfer, G. *Maigrir, c'est fou !,* Paris, Odile Jacob, 2000.

Baron, K. G., K. J. Reid, A. S. Kern et P. C. Zee. « Role of sleep timing in caloric intake and BMI », [en ligne], [www.obesity advance online publication], (28 avril 2011).

Chaput, J. P., J. P. Després, C. Bouchard et A. Tremblay. « Short sleep duration is associated with reduced leptin levels and increased adiposity : Results from Quebec Family Study », *Obesity,* vol. 15, 2007, p. 253-261.

Chaput, J. P., J. P. Després, C. Bouchard et A. Tremblay. « The association between sleep duration and weight gain in adults : A 6-year prospective study from the Quebec Family Study », *Sleep,* vol. 31, n° 4, 2008, p. 517-523.

Forslund, H. B., A. K. Lindroos, L. Sjöström et L. Lissner. « Meal patterns and obesity in Swedish women – a simple instrument describing usual meal types, frequency and temporal distribution », *European Journal of Clinical Nutrition,* vol. 56, 2002, p. 740-747.

Gluck, M. E., A. Geliebter et T. Satov. « Night eating syndrome is associated with depression, low self-esteem, reduced daytime hunger, and less weight loss in obese outpatients », *Obesity Research,* vol. 9, n° 4, 2001, p. 264-267.

Patel, S. R., A. Malhotra, D. P. White, D. J. Gottlieb et F. B. Hu. «Association between reduced sleep and weight gain in women», *American Journal of Epidemiology,* vol. 164, 2006, p. 947-954.

Reinberg, A. *Le temps humain et les rythmes biologiques,* Monaco, Éditions du Rocher, 1998.

Romon, M., J. L. Edme, C. Boulenguez, J. L. Lescroart et P. Fromat. «Circadian variation of diet-induced thermogenesis», *American Journal of Clinical Nutrition,* vol. 57, 1993, p. 476-480.

Stunkard, A. J., W. J. Grace et H. G. Wolfe. «The night-eating syndrome: A pattern of food intake among certain obese patients», *American Journal of Medicine,* vol. 19, n° 1, 1955, p. 78-86.

Taheri, S., L. Lin, D. Austin, T. Young et E. Mignot. «Short sleep duration is associated with reduced leptin, elevated ghrelin, and increased body mass index», *PLoS Med.,* vol. 1, 2004, p. 210-217.

Vreeman, R. C. et A. E. Carroll. «Festive medical myths», *British Medical Journal,* vol. 337, 2008, p. a2769.

CHAPITRE 5

Chapelot, D. et J. Louis-Sylvestre. *Les comportements alimentaires,* Paris, Lavoisier, 2004.

Colton, C. C. *Lacon of Many Things in a Few Words: Addressed to Those who Think,* Londres, Longman, Orme, Brown, Green & Longmans, 1837, p. 113.

De Castro, J. M. et E. S. De Castro. «Spontaneous meal patterns of humans: Influence of the presence of other people», *American Journal of Clinical Nutrition,* vol. 50, 1989, p. 237-247.

De Castro, J. M., E. M. Brewer, D. K. Elmore et S. Orozco. «Social facilitation of the spontaneous meal size in humans occurs regardless of time, place, alcohol or snacks», *Appetite,* vol. 15, n° 2, 1990, p. 89-101.

HERMANS, R. C. J., J. K. LARSEN, C. P. HERMAN et R. C. M. E. ENGELS. «Modeling of palatable food intake in female young adults: Effects of perceived body size», *Appetite,* vol. 51, 2008, p. 512-518.

HETHERINGTON, M. M., A. S. ANDERSON, G. N. M. NORTON et L. NEWSON. «Situational effects on meal intake: A comparison of eating alone and eating with others», *Physiology and Behavior,* vol. 88, 2006, p. 498-505.

KOH, J. et P. PLINER. «The degree of acquaintance, plate size, and sharing on food intake», *Appetite,* vol. 52, 2009, p. 595-602.

MORI, D., S. CHAIKEN et P. PLINER. «Eating lightly and self-presentation of feminity», *Journal of Personality and Social Psychology,* vol. 53, n° 4, 1987, p. 693-702.

PLINER, P. et S. CHAIKEN. «Eating, social motives and self-presentation in women and men», *Journal of Experimental Social Psychology,* vol. 26, 1990, p. 240-254.

CHAPITRE 6

BOOTH, D. A., A. J. BLAIR et V. J. LEWIS. «Patterns of eating and movement that best maintain reduction in overweight», *Appetite,* vol. 43, n° 3, 2004, p. 227-283.

CABANAC, M. «Physiological role of pleasure», *Science,* vol. 173, 1971, p. 1103-1107.

CHESNEAU, C., D. A. BOOTH et L. THIBAULT. «Étude de stratégies alimentaires et comportementales afin de pouvoir mettre en place un programme d'aide à l'amaigrissement de façon durable», présentée au 74e congrès de l'Association canadienne-française pour l'avancement des sciences (ACFAS), Université McGill, Montréal, 15-19 mai 2006.

DAY, C. J., J. FRANCIS et S. SCHALE. «Associations between temperamental personality and taste preference in a non-clinical population», *Appetite,* vol. 50, 2008, p. 557.

DE WAAL, F. *Chimpanzee Politics: Power and Sex among the Apes,* Baltimore (Maryland), John Hopkins University Press, 1998.

ELFHAG, K. et C. ERLANSON-ALBERTSSON. «Sweet and fat taste preference in obesity have different associations with personality and eating behavior», *Physiology and Behavior,* vol. 88, 2006, p. 61-66.

ERLANSON-ALBERTSSON, C. «How palatable food disrupts appetite regulation», *Basic and Clinical Pharmacology and Toxicology,* vol. 97, 2005, p. 61-73.

FANTINO, M. «État nutritionnel et perception affective de l'aliment», dans I. GIACHETTI, *Plaisir et préférences alimentaires,* Paris, Polytechnica, 1992, p. 31-48.

KELLY, A. E., V. P. BAKSHI, S. N. HABER, T. L. STEININGER, M. J. WILL et M. SHANG. «Opiod modulation of taste hedonics within the ventral striatum», *Physiology and Behavior,* vol. 76, 2002, p. 365-377.

KESKITALO, K., A. KNAAPILA, M. KALLELA, A. PALOTIE, M. WESSMAN, S. SAMMALISTO, L. PELTONEN, H. TUORILA et M. PEROLA. «Sweet taste preferences are partly genetically determined: Identification of a trait locus on chromosome 16[1-3]», *American Journal of Clinical Nutrition,* vol. 86, 2007, p. 55-63.

KROLOW, R., C. G. NOSCHANG, D. ARCEGO, A. C. ANDREAZZA, W. PERES, C. A. GONÇALVES et C. DALMAZ. «Consumption of a palatable diet by chronically stressed rats prevents effects on anxiety-like behavior but increases oxidative stress in a sex-specific manner», *Appetite,* vol. 55, 2010, p. 108-116.

MORABIA, A., J. FABRE, E. CHEE, S. ZEGER, E. ORSAT et A. ROBERT. «Diet and opiate addiction: A quantitative assessment of diet of non-institutionalized opiate addics», *British Journal of Addiction,* vol. 84, 1989, p. 173-180.

POSTON II, W. S. C. et C. K. HADDOCK (sous la direction de). *Food as a Drug,* New York, The Hawort Press Inc., 2000.

ROLLS, B. J. «Sensory-specific satiety», *Nutrition Reviews,* vol. 44, n° 3, 1986, p. 93-101.

RUXTON, C. H. S., E. J. GARDNER et H. M. McNULTY. «Is sugar consumption detrimental to health? A review of the evidence 1995-2006», *Critical Reviews in Food Science and Nutrition,* vol. 50, n° 1, 2010, p. 1-19.

SIEPEL, A. «Phylogenomics of primates and their ancestral populations», *Genome Research,* vol. 19, 2009, p. 1929-1941.

STONE, L. J. et R. M. PANGBORN. «Preferences and intake measures of salt and sugar, and their relation to personality traits», *Appetite,* vol. 15, 1990, p. 63-79.

CHAPITRE 7

ALLEN, W. *Pour en finir une bonne fois avec la culture: Opus 2,* Paris, Seuil, 1973.

CABANAC, M. *La quête du plaisir: étude sur le conflit des motivations,* Montréal, Liber, 1995.

CABANAC, M. «Palatability vs. money: Experimental study of a conflict of motivations», *Appetite,* vol. 25, 1995, p. 43-49.

CRUM, A. J., W. R. CORBIN, K. D. BROWNELL et C. R. WILLIAM. «Mind over milkshakes: Mindsets, not just nutrients determine ghrelin response», *Health Psychology,* vol. 30, n° 4, 2011, p. 424-429.

DILIBERTI, N., P. L. BORDI, M. T. CONKLIN, L. S. ROE et B. J. ROLLS. «Increased portion size leads to increased energy intake in a restaurant meal», *Obesity Research,* vol. 12, 2004, p. 562-568.

FISHER, J. O. et T. V. E. Kral. «Super-size me: Portion size effects on young children's eating», *Physiology and Behavior,* vol. 94, 2008, p. 39-47.

HERMAN, C. P. «Lessons from the bottomless bowl», *Obesity Research,* vol. 13, n° 1, 2005, p. 2.

LEBEL, J. «Le marketing alimentaire en évolution: une occasion pour les diététistes?», *Nutrition - Science en évolution,* vol. 7, n° 2, 2009, p. 7-10.

LEVITSKY, D. A. et T. YOUN. «The more young adults are served, the more they eat», *Journal of Nutrition,* vol. 134, 2004, p. 2546-2549.

ROLLS, B. J., L. S. ROE, K. H. HALVERSON et J. S. MEENGS. «Using a smaller plate did not reduce energy intake at meals», *Appetite,* vol. 49, 2007, p. 652-660.

ROLLS, B. J., L. S. ROE, J. S. MEENGS et D. E. WALL. «Increasing the portion size of a sandwich increases energy intake», *Journal of American Dietetic Association,* vol. 104, 2004, p. 367-372.

VAN DONKELAAR, P. «Pointing movements are affected by size-contrast illusions», *Experimental Brain Research,* vol. 125, 1999, p. 517-520.

VERMEER, W. M., B. BRUINS et I. H. M. STEENHUIS. «Two pack king size chocolate bars. Can we manage our consumption?», *Appetite,* vol. 54, 2010, p. 414-417.

WANSINK, B. «Can package size accelerate usage volume?», *Journal of Marketing,* vol. 60, 1996, p. 1-14.

CHAPITRE 8

GARDNER, C. D., A. KIAZAND, S. ALHASSAN, S. KIM, R. S. STAFFORD, R. R. BALISE, H. C. KRAEMER et A. C. KING. «Comparison of the Atkins, Zone, Ornish and LEARN diets for change in weight and related risk factors among overweight premenopausal women. The A TO Z weight loss study: A randomized trial», *Journal of the American Medical Association,* vol. 297, n° 9, 2007, p. 969-977.

HARIRI, N., R. GOUGEON et L. THIBAULT. «A highly saturated fat-rich diet is more obesogenic than diets with lower saturated fat content», *Nutrition Research,* vol. 30, 2010, p. 632-643.

HARIRI, N. et L. THIBAULT. «High-fat diet induced obesity in animal models», *Nutrition Research Reviews,* vol. 23, n° 2, 2010, p. 270-299.

LINDQVIST, A., P. MOHAPEL, B. BOUTER, H. FRIELINGSDORF, D. PIZZO, P. BRUNDIN et collaborateurs. «High-fat diet impairs hippocampal neurogenesis in male rats», *European Journal of Neurology,* vol. 13, n° 12, 2006, p. 1385-1388.

SACKS, F. M., G. A. BRAY, V. J. CAREY, S. R. SMITH, D. H. RYAN, S. D. ANTON, K. MCMANUS, C. M. CHAMPAGNE, L. M. BISHOP, N. LARANJO, M. S. LEBOFF, J. C. ROOD, L. DE JONGE, F. L. GREENWAY, C. M. LORIA, E. OBARZANEK et D. A. WILLIAMSON. «Comparison of weight-loss diets with different compositions of fat, protein and carbohydrates», *The New England Journal of Medicine,* vol. 360, n° 9, 2009, p. 859-873.

THIBAULT, L. «Associative learning and the control of food intake», dans L. DUBE, A. BECHARA, A. DAGHER, A. DREWNOWSKI, J. LEBEL, P. JAMES et R. Y. YADA (sous la direction de), *Obesity Prevention: The Role of Brain and Society on Individual Behavior,* Londres, Elsevier, 2010, p. 125-133.

TOUZANI, K. et A. SCLAFANI. «Lateral hypothalamic lesions impair flavour-nutrient and flavour-toxin trace learning in rats», *European Journal of Neuroscience,* vol. 16, n° 12, 2002, p. 2425-2433.

CHAPITRE 9

CARR, K. D. «Reward-related neuroadaptations induced by food restriction: Pathogenic potential of a survival mechanism», dans L. DUBE, A. BECHARA, A. DAGHER, A. DREWNOWSKI, J. LEBEL, P. JAMES et R. Y. YADA (sous la direction de), *Obesity Prevention: The Role of Brain and Society on Individual Behavior,* Londres, Elsevier, 2010, p. 73-86.

COLLINS, G. T., D. M. CALINSKI, A. H. NEWMAN, P. GRUNDT et J. H. WOODS. «Food restriction alters N'-Propyl-4,5,6,7-tetrahydrobenzothiazole-2,6-diamine dihydrochloride (Pramipexole)-induced yawning, hypothermia, and locomotor activity in rats: Evidence for sensitization of dopamine D2 receptor-mediated effects», *The Journal of Pharmacology and Experimental Therapeutics,* vol. 325, n° 2, 2008, p. 691-697.

HIGGS, S. «Cognitive influences on food intake: The effects of manipulating memory for recent eating», *Physiology and Behavior,* vol. 94, 2008, p. 734-739.

HIGGS, S., A. C. WILLIAMSON et A. S. ATTWOOD. «Recall from recent lunch and its effect on subsequent snack intake», *Physiology and Behavior,* vol. 94, 2008, p. 454-462.

HIGGS, S., A. C. WILLIAMSON, P. ROTSHTEIN et G. W. HUMPHREYS. «Sensory-specific satiety is intact in amnesics who eat multiple meals», *Psychological Science,* vol. 19, n° 7, 2008, p. 623-628.

WANSINK, B. et C. R. PAYNE. «Counting bones: Environmental cue that decrease food intake», *Perceptual and Motor Skills,* vol. 104, 2007, p. 273-277.

REMERCIEMENTS

Pascale Mongeon, merci pour les précieux conseils que tu as prodigués avec justesse et doigté. *Quand le corps n'en fait qu'à sa tête* s'en porte très bien! Erwan Leseul, merci de m'avoir rappelé ponctuellement, depuis la parution de *Nourrir son cerveau,* et cela «sans pression», que tu espérais un second ouvrage... Ma reconnaissance va également aux autres membres de l'équipe du Groupe Sogides pour leur contribution de près ou de loin à ce livre. Un merci spécial à la designer Laurence St Pierre, collaboratrice du créateur Denis Gagnon, pour le col de cuir qui donne la touche finale à ma photographie. Enfin, et surtout, je tiens à remercier les chercheurs et les scientifiques d'ici et d'ailleurs dont je relate les travaux: sans leur immense travail, cet ouvrage n'aurait pu voir le jour.

LISTE DES ENCADRÉS

LISTE DES CAPSULES « VRAI OU FAUX ? »

LISTE DES FIGURES

TABLE DES MATIÈRES

Suivez-nous sur le Web

Consultez nos sites Internet et inscrivez-vous à l'infolettre pour rester informé
en tout temps de nos publications et de nos concours en ligne. Et croisez aussi
vos auteurs préférés et notre équipe sur nos blogues!

EDITIONS-HOMME.COM
EDITIONS-JOUR.COM
EDITIONS-PETITHOMME.COM
EDITIONS-LAGRIFFE.COM

Marquis imprimeur inc.

Québec, Canada
2012

Achevé d'imprimer au Canada
sur papier Enviro 100% recyclé